Couvertures supérieure et inférieure
en couleur

COUVERTURES SUPERIEURE ET INFERIEURE D'IMPRIMEUR.

DEFET D'IMPRIMERIE TROUVE DANS LA RELIURE

Le 4 Janvier.

L'OCTAVE DES SAINTS INNOCENTS.

A LA MESSE.

Comme au jour de la fête, p. 227, sauf les Mémoires.

A VÊPRES.

Les quatre premiers Psaumes de Dimanche, p. 97, et le Psaume Credidi, p. 119.

1. *Ant.* Hérode irrité fit mourir de nombreux enfants à Bethléem de Juda, ville de David.	1. *Ant.* Herodes iratus occidit multos pueros in Bethleem Judæ, civitate David.
2. Depuis l'âge de deux ans et au-dessous, Hérode fit exterminer, en haine du Seigneur, un grand nombre d'enfants.	2. A bimatu et infra occidit multos pueros Herodes propter Dominum.
3. Leurs Anges voient sans cesse la face du Père.	3. Angeli eorum semper vident faciem Patris.
4. On entendit dans Rama une voix et des pleurs, et de grands gémissements, Rachel pleurant ses enfants.	4. Vox in Rama audita est, ploratus et ululatus; Rachel plorans filios suos.
5. Au pied du trône de Dieu, tous les Saints s'écrient : Vengez notre sang, ô notre Dieu.	5. Sub throno Dei omnes Sancti clamant : Vindica sanguinem nostrum, ô Deus noster.

Le Capitule et le reste comme au jour de la fête ; Mémoire de la Vigile de l'Épiphanie, comme au Dimanche dans l'Octave de Noël, p. 230.

LA VIGILE DE L'ÉPIPHANIE.

Tout l'Office du Dimanche dans l'Octave de Noël, p. 230, excepté les Mémoires et l'Évangile qui suit.

L'ESPION

GRAND IN-8° 2ᵐᵉ SÉRIE

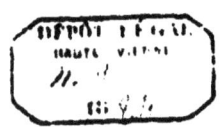

L'ESPION

Soudain une apparition imprévue glaça les plus intrépides.

L'ESPION

PAR

FENIMORE COOPER

OUVRAGE ADMIS PAR LA COMMISSION DES BIBLIOTHÈQUES SCOLAIRES.

LIMOGES
Marc BARBOU et Cie, IMPRIMEURS-LIBRAIRES
Rue Puy-Vieille-Monnaie

PROPRIÉTÉ DES ÉDITEURS

I

L'année 1780 touchait à sa fin ; un voyageur solitaire poursuivait sa route à travers une des nombreuses petites vallées de West-Chester. Le vent d'est, chargé de vapeurs glaciales, redoublait de violence, présage certain de l'approche d'un ouragan qui durerait plusieurs jours. Les yeux expérimentés de l'inconnu se tournaient en vain de tous côtés dans l'espoir de découvrir au milieu de l'obscurité du soir un asile convenable pour le garantir de la pluie qui succédait déjà à l'épais brouillard dont l'atmosphère était saturée. Le voyageur n'aperçut aucun lieu où il pût trouver les commodités que réclamaient son âge et sa position. Les quelques misérables et étroites cabanes des habitants du voisinage présentaient un aspect si peu hospitalier qu'il ne crut ni prudent ni opportun d'y pénétrer.

Le Comté de West-Chester, depuis que les Anglais eurent pris possession de l'île de New-York, devint le terrain commun aux deux partis pendant la fin de la guerre de l'Indépendance. Un grand nombre de ses habitants, soit qu'ils fussent retenus par leurs attachements, soit qu'ils fussent influencés par la peur, affectèrent une feinte neutralité.

Les villes du littoral étaient plus particulièrement placées, par leur site géographique, sous la domination de la couronne, tandis que celles du centre, fortes de l'appui des troupes américaines qui campaient dans leurs environs, montraient plus de hardiesse à affirmer leurs opinions révolutionnaires et leurs droits à se gouverner elles-mêmes. Cependant, beaucoup de citoyens étaient enveloppés d'un masque, qui, jusqu'à présent n'a pas encore été arraché ; plus d'un a emporté dans le tombeau la flétrissure publique comme ennemi des droits de ses concitoyens, et qui, en secret, avait été l'agent utile des chefs de la révolution ; par contre, si les coffres secrets de plusieurs patriotes ardents avaient été ouverts, à la clarté du jour, on aurait distingué sous des piles d'or anglais des papiers attestant la connivence avec le parti de la royauté.

Au bruit des pas du noble coursier monté par le voyageur, les maîtresses des fermes, curieuses de savoir qui passait à cette heure, entrebâillaient doucement les portes de leurs maisons pour examiner l'étranger ; sans le perdre de vue, elles communiquaient le résultat de leurs observations à leurs maris restés à l'intérieur et qui se préparaient, si cela devenait nécessaire, à gagner les bois voisins, leur retraite habituelle, en cas de péril. La vallée était située vers le milieu de l'extrémité du comté, et assez près des deux armées pour leur permettre de venir exiger la restitution des objets volés, délit peu rare en ces parages. Les objets n'étaient pas toujours rendus à leurs propriétaires, mais, en l'absence de la justice ordinaire, un tribunal improvisé faisait rentrer les perdants dans le montant de leurs réclamations, non sans exiger des coupables une forte indemnité pour l'emploi qu'ils avaient fait du bien d'autrui.

Le passage d'un étranger dont l'apparence avait un caractère équivoque, mais respirait cependant la hardiesse et le courage, donna ample sujet de conjecture aux spectateurs, et ceux dont la conscience n'était pas souvent en repos conçurent quelques alarmes. Le cheval, bien que non harnaché en guerre, avait dans ses allures quelque chose qui s'harmonisait parfaitement avec l'attitude décidée de celui qui le montait.

Fatigué par la course extraordinaire de la journée, et désireux de se mettre promptement à l'abri des rigueurs du mauvais temps, le voyageur se détermina, afin de se soustraire à la pluie tombant à torrents, à subir les lois de la nécessité ; en conséquence, il résolut de profiter du premier moyen venu pour entrer dans la prochaine maison qu'il rencontrerait. Il n'attendit pas longtemps ; sans quitter sa selle, il franchit une vieille barrière, et frappa bruyamment à la porte d'une habitation plus que modeste. Une femme, entre deux âges, dont la mine n'était guère plus séduisante que l'extérieur, répondit à cet appel. A la vue du cavalier qu'éclairait le feu brillant de l'âtre, la fermière effrayée referma la porte à demi au nez de l'inconnu ; cependant un sentiment de curiosité se mêla à la terreur peinte sur sa figure quand elle lui demanda ce qu'il voulait.

Bien que la porte presque close rendît assez difficile l'examen des dispositions intérieures de la chaumière, le cavalier peu satisfait avait pu juger suffisamment, paraît-il, du dénûment du logis, car il jetait autour de lui des regards qui se perdirent infructueusement dans les ténèbres. En l'absence d'abri plus agréable, il se résigna et eut une aversion mal dissimulée, néanmoins, il exposa à son interlocutrice ses besoins et ses désirs. Sa requête fut mal accueillie ; elle n'était pas encore achevée, que la femme, reprenant confiance, l'interrompit et répondit d'un ton tranchant, et avec une excessive volubilité.

« Je n'aimerais pas à loger un étranger dans ces temps troublés ; je vis seule et abandonnée ici, ou à peu près, car je n'ai pour société que celle de mon vieux maître ; mais à un demi-mille, sur votre route, on trouve une maison où vous pouvez aller avec assurance, et où vous serez reçu, sans bourse délier. Je suis sûre que votre visite fera plaisir à vos hôtes; pour ma part, j'en serai enchantée, parce que, comme je vous le disais tout-à-l'heure, Harvey est absent. Je désirerais qu'il prenne conseil, qu'il renonce à sa vie errante, et qu'il se range ainsi que l'exigeraient son âge et son rang dans le monde. Mais Harvey Birch poursuivra son chemin à sa guise, et mourra ensuite comme un vagabond. »

De cette conversation, le cavalier n'avait écouté que l'avis qui lui avait été donné de poursuivre sa route; il avait lentement tourné son cheval vers la barrière et, ramenant autour de sa taille élevée les plis de son manteau, il se disposait à affronter de nouveau l'orage; soudain, aux dernières paroles prononcées par la femme, il s'arrêta dans ses préparatifs.

— C'est ici la demeure d'Harvey Birch, demanda-t-il involontairement. Aussitôt après avoir laissé échapper cette question on eût dit qu'il était fâché de ne pas l'avoir arrêtée sur ses lèvres.

— On peut à peine dire qu'il habite ici, répliqua la vieille, en entrecoupant sa phrase d'un soupir qui renfermait autant de colère que de tristesse; il n'y est jamais, ou si rarement que je me souviens tout juste de sa figure quand il juge à propos de nous la montrer à mon pauvre vieux père et à moi; mais qu'il revienne ou non, cela m'est égal, pour mon compte; c'est le moindre de mes soucis. Bonne nuit! tournez à la première barrière sur votre gauche.

Sur ce, elle ferma brusquement la porte sur l'étranger, qui franchit rapidement le demi-mille, au bout duquel s'élevait la maison où il devait rencontrer plus de confort et de sécurité.

Il faisait encore assez clair pour permettre au voyageur de remarquer les travaux de culture et l'apparence générale des terrains qui entouraient l'habitation dont il s'approchait. Cette construction en pierres était longue, basse et garnie d'une aile à chaque extrémité.

Les piliers de bois sculpté décorant la façade, le bon état de conservation des murs de clôture plaçaient cette ferme bien au-dessus de toutes les autres de la contrée. Après avoir attaché sa monture à l'angle du mur pour l'abriter un peu contre la pluie et le vent, le voyageur prit sa valise sous son bras, et frappa avec force à la porte de la maison. Bientôt après un vieux nègre parut et ne jugea pas nécessaire, vu les circonstances, de consulter ses maîtres. Après avoir levé sur l'étranger un regard perçant à la lueur de la chandelle qu'il tenait à la main, il l'introduisit dans un joli salon où un grand feu de cheminée consolait par son éclat de l'obscurité de la soirée d'octobre, rendue encore plus triste par l'orage que poussait un fort vent d'est. Le voyageur confia sa valise au domestique, répéta poliment sa demande au maître de la maison, présenta ses hommages aux trois dames occupées à des travaux d'aiguille et commença par se débarrasser de ses vêtements de route. En ôtant le cachenez qui entourait son cou, son pardessus et son manteau de drap bleu, l'inconnu laissa voir à ses hôtes sa stature élevée et son corps fait au tour. On lui eût donné environ cinquante ans; sa physionomie respirait le calme et la dignité; son nez droit se rapprochait du type grec; ses yeux gris étaient remplis à la fois de douceur, de pensivité presque mélancolique; la bouche et la partie inférieure du visage dénotaient un caractère énergique et décidé. Son costume était simple mais semblable à celui que portaient les Américains de la plus haute classe. Ses cheveux, par la façon dont ils étaient coupés, donnaient à sa figure un air militaire qu'affirmaient davantage sa taille et son port imposants. Ses manières accusaient tellement le gentilhomme que lorsqu'il eut terminé de déposer ses vêtements, les dames se levèrent, et elles se joignirent au maître de la maison pour échanger les salutations et les compliments d'usage avec l'étranger.

Le propriétaire du logis était de quelques années plus âgé que son hôte, et, comme lui, semblait, par l'exquise urbanité de ses manières, prouver qu'il avait toujours vécu dans la meilleure compagnie. L'aînée des dames avait quarante ans; les roses de la jeunesse avaient disparu, mais ses yeux, sa belle chevelure et son accueil doux et avenant donnaient à sa figure un attrait dont sont souvent dépourvus de plus jeunes visages. Les deux sœurs (leur ressemblance dénonçait cette intime parenté) étaient dans tout l'éclat de leur printemps ; les roses qui sont l'apanage spécial des beautés du West-Chester embellissaient leurs joues des plus fraîches couleurs, et leurs yeux d'un bleu foncé brillaient de cet éclat charmant qui indique l'innocence et le bonheur. Leur délicatesse et leur distinction attestaient que les trois dames faisaient partie de l'élite de la société du pays.

M. Wharton s'assit auprès du feu, offrit à son hôte un verre d'excellent madère, et en prit un autre à la main. Il hésita un instant, comme si sa curiosité luttait avec la politesse ; enfin, lançant un coup-d'œil scrutateur sur l'étranger, il demanda, avec une profonde révérence :

— « A la santé de qui vais-je avoir l'honneur de boire ? »

L'étranger, qui s'était assis, de son côté regardait le feu avec insouciance ; à la question de M. Wharton, il tourna lentement vers lui ses yeux observateurs et répliqua en rougissant légèrement.

— A M. Harper !

— M. Harper, répondit l'autre, d'un ton de cérémonie, j'ai l'honneur de boire à votre santé, et je désire que vous ne vous ressentiez pas de la pluie à laquelle vous avez été exposé.

A ce souhait, M. Harper s'inclina silencieusement et reprit ses méditations un moment interrompues. Les deux jeunes demoiselles se remirent à leurs places autour de la table de travail, et leur tante, miss Jeannette Peyton se retira pour surveiller les préparatifs du repas qu'on allait servir au visiteur inattendu. Après un petit temps d'arrêt, M. Wharton troubla les réflexions tacites de M. Harper, en s'enquérant auprès de lui si la fumée lui était désagréable. Ayant reçu une réponse négative, il reprit aussitôt sa pipe qu'il avait quittée à l'entrée du voyageur.

M. Wharton avait une envie manifeste d'engager la conversation, mais soit par peur de se lancer sur un terrain dangereux, soit aussi pour ne pas interrompre le cours des pensées de son hôte, il hésita quelque temps. M. Harper ayant levé les yeux, M. Whar ton fut encouragé par ce mouvement et se décida à prendre la parole.

— J'éprouve de grandes difficultés, dit-il, à me procurer, pour ma distraction du soir, la qualité de tabac à laquelle j'étais habitué autrefois.

Il évitait soigneusement d'aborder directement le sujet sur lequel il voulait amener l'entretien.

— Je croyais que les magasins de New-York pouvaient fournir le meilleur de la contrée, repartit l'autre avec sa gravité habituelle.

— C'est vrai, reprit M. Wharton légèrement troublé par le regard énergique d'Harper qui avait rencontré le sien, mais les communications avec la ville, même les plus innocentes, sont devenues trop dangereuses pour qu'on s'expose pour un article aussi insignifiant que le tabac.

Le pot où M. Wharton avait pris le tabac pour bourrer sa pipe était placé tout ouvert à quelques pouces d'Harper. Celui-ci prit une petite quantité de tabac, l'appliqua sur sa langue d'une manière parfaitement naturelle et qui alarma cependant un instant son compagnon. Sans faire remarquer que la qualité de l'article était excellente, le voyageur rassura son hôte en se replongeant dans sa rêverie.

M. Wharton ne voulant pas perdre l'avantage acquis et faisant un effort extraordinaire, continua :

— Je désire du fond de mon cœur que cette guerre fratricide se termine, afin que nous puissions revoir en paix nos parents, nos amis et nos connaissances.

— C'est bien à désirer, dit Harper, d'un air solennel et en observant attentivement son interlocuteur.

— Je n'ai pas de nouvelles de la guerre depuis l'arrivée de nos nouveaux alliés, ajouta M. Wharton en secouant les cendres de sa pipe, et en se détournant sous le prétexte de la rallumer à un charbon que lui tendait la plus jeune de ses filles.

— Je suppose que rien ne s'est encore ébruité, repartit le voyageur en croisant ses jambes avec soin et précaution.

— Pense-t-on que l'on soit à la veille d'un engagement, ajouta M. Wharton, toujours occupé à allumer sa pipe et suspendant cette action sans s'en apercevoir. Il attendait une réponse.

— Est-ce qu'il s'agit de cela ? demanda l'autre, adoptant peu à peu l'indifférence affectée du ton de M. Wharton.

— Oh ! pas d'une manière particulière, s'empressa de déclarer le maître de la maison, mais il est assez naturel, savez-vous, de s'attendre à quelque évènement, en présence des forces aussi considérables que celles dont dispose Rochambeau.

Harper fit de la tête un léger signe d'approbation et ne releva pas la réflexion précédente. M. Wharton poursuivit :

— Il paraît qu'il règne plus d'activité dans le sud ; Gates et Cornwallis semblent désireux de faire produire à la guerre un résultat.

Le front de M. Harper se contracta et une teinte plus noire de mélancolie obscurcit ses traits ; ses yeux étincelèrent d'une flamme passagère qui s'allumait au brasier caché des émotions secrètes. La plus jeune des deux sœurs eut à peine le temps de contempler avec surprise ce changement ; déjà cette expression s'était effacée et avait succédé le calme ordinaire qui caractérisait la physionomie de l'étranger, et cette dignité remarquable qui dénote l'empire de la raison.

— L'aînée des jeunes filles s'agita plusieurs fois sur sa chaise avant de s'aventurer à dire d'un petit accent triomphant :

— Le général Gates a été moins heureux avec le comte (1) qu'avec le général Burgogne.

(1) Ch. de Cornwallis.

— Mais le général Gates est un Anglais, Sarah, s'écria avec vivacité la cadette; puis, rougissant elle-même de sa hardiesse, elle recommença à tourner et à retourner les chiffons de sa boîte à ouvrage, espérant tout bas que son observation serait passée inaperçue.

L'étranger avait examiné tour à tour les deux sœurs et un mouvement presque imperceptible des muscles de son visage trahissait une nouvelle émotion lorsqu'il s'adressa ainsi à la plus jeune avec une parfaite courtoisie :

— Puis-je me hasarder à vous demander quelle conséquence vous tirez de ce fait ?

Interpellée directement quant à ses opinions sur un sujet dont elle avait eu l'imprudence de parler devant un étranger, Frances rougit encore plus ; mais après une minute d'hésitation, et jugeant une réponse indispensable, elle balbutia :

— Ma sœur et moi différons d'opinion sur la bravoure des Anglais.

— Et sur quels points particuliers porte cette divergence ?

Harper, en prononçant ces mots, adressa à la jeune fille un regard dont l'animation était tempérée par un sourire d'une douceur presque paternelle.

— Sarah prétend que les Anglais ne peuvent pas être battus et, pour ma part, je n'ai pas autant de foi dans leur *invincibilité*.

L'étranger avait écouté cette explication avec ce plaisir que goûte un homme mûr à contempler l'ardeur de la jeunesse, la franchise de l'innocence.

Il ne répondit rien, se tourna vers le foyer et se remit à examiner les tisons en silence.

M. Wharton s'était inutilement efforcé de percer le masque des opinions politiques de son hôte qui se tenait dans une sage réserve et était aussi peu communicatif que possible. Quand le maître de la maison se leva pour conduire son hôte dans la salle où le souper était servi, il ignorait profondément ce qu'il importait surtout de savoir à cette époque par les gens que l'on recevait chez soi.

M. Harper offrit le bras à Sarah Wharton tandis que Frances les suivait toute préoccupée de cette idée : « Aurait-elle blessé les affections du convive de son père ! »

La violence de l'orage augmentait au dehors ; la pluie en tombant en averses sur les murs de l'habitation excitait cet involontaire sentiment de joie que de pareils sons provoquent dans une chambre chaude et confortable ; des coups bruyants frappés à la porte extérieure appelèrent, soudain, le fidèle noir au portail. Une minute après, le serviteur informait son maître qu'un autre voyageur, surpris par le mauvais temps, demandait un asile pour la nuit.

Au premier bruit, M. Wharton s'était levé avec un visible embarras ; il regardait alternativement d'un œil anxieux tantôt son hôte, tantôt la porte de la chambre ; il semblait croire que cette seconde interruption avait plus ou moins de rapport, de connexité avec le premier voyageur. Il venait d'ordonner au nègre d'accueillir le nouveau venu lorsque la porte s'ouvrit sur les pas pressés du voyageur. Celui-ci s'arrêta un moment à la vue d'Harper et réitéra fort poliment sa requête. M. Wharton et sa famille furent peu satisfaits de sa mine d'apparence peu avenante, mais il faisait un si mauvais temps et les conséquences d'un refus pouvaient donner lieu, selon le cas, à tant de choses fâcheuses, que le vieux gentleman se décida à lui accorder l'hospitalité.

Miss Peyton fit rapporter les plats qu'on avait desservis, et l'étranger fut invité à participer au repas qui était sur le point de finir. Quittant sa redingote de gros tissu, il prit gravement la chaise qu'on lui offrait et se mit en devoir de satisfaire son appétit qui, à en juger par les débuts, n'était pas des plus modérés. Par instants, il jetait furtivement un coup d'œil d'inquiétude sur Harper qui l'examinait avec une opiniâtreté vraiment embarrassante. A la fin, se versant un verre de vin, le nouveau venu fit un signe à celui qui l'observait, et avant de porter la boisson à ses lèvres, dit d'un ton qui n'était pas exempt de quelque amertume :

— Je bois à notre plus complète connaissance, monsieur. Je crois que c'est la première fois que nous nous trouvons ensemble.

La qualité du vin parut convenir au buveur, car après avoir posé le verre sur la table, il fit claquer ses lèvres avec un bruit qui résonna dans tout l'appartement ; levant ensuite la bouteille, il la tint entre lui et la lumière en contemplant la limpidité et la couleur brillante du contenu.

— Je crois que nous nous sommes déjà rencontrés, monsieur, répliqua Harper en souriant et en suivant attentivement les impressions de son commensal ; cette étude le satisfit ; il se tourna alors vers Sarah Wharton, sa voisine, et ajouta avec beaucoup de courtoisie en s'adressant à elle :

— Vous devez, sans doute, trouver votre séjour actuel bien solitaire, ayant été accoutumée aux distractions de la cité ?

— Oh ! excessivement triste, dit vivement Sarah ! comme mon père je souhaite que cette cruelle guerre soit terminée pour pouvoir retourner au milieu de nos amis.

— Et vous, miss Frances, désirez-vous la paix aussi ardemment que votre sœur ?

— Nous sommes d'accord sur la plupart des points, répondit la jeune fille en se hasardant à jeter un regard sur celui qui l'interrogeait. L'expression bienveillante du visage d'Harper l'engagea à achever sa phrase :

— Je voudrais la paix, mais pas aux dépens des droits de mes compatriotes.

— Des droits ! répéta sa sœur impatientée ; quels droits sont plus forts que ceux d'un souverain et quel devoir prime l'obligation d'obéir à ceux qui sont nos maîtres véritables ?

— Très-bien, dit Frances avec ironie, et prenant tendrement la main de sa sœur dans les siennes, elle ajouta avec un sourire à l'adresse d'Harper.

— Je vous avais averti que ma sœur et moi avions des opinions contraires en politique, mais nous trouvons dans notre père un arbitre impartial, qui aime ses compatriotes, qui aime aussi les Anglais sans se décider pour les uns ou pour les autres

— Je l'avoue, dit M. Wharton, un peu alarmé, et jetant un coup d'œil sur les deux étrangers, j'ai des amis dans les deux armées, et de quelque côté que tourne la victoire, elle me causera certainement de l'affliction.

— Vous n'avez pas raison de craindre des désagréments de la part des Américains, interrompit le dernier voyageur en se versant un autre verre de vin.

— Sa Majesté, répondit le maître de la maison, peut avoir des troupes plus expérimentées que celles du pays, mais les Américains ont remporté des succès marquants.

Harper ne prit pas garde à ces observations, et s'étant levé, exprima le désir d'être conduit dans la chambre à coucher. Un petit garçon s'apprêta à lui en indiquer le chemin ; Harper salua courtoisement tout le monde et se retira. Le couteau et la fourchette s'échappèrent aussitôt des mains de son commensal qui se leva lentement, prêta soigneusement l'oreille pour mieux s'assurer que son convive s'était éloigné, entr'ouvrit la porte qu'il referma immédiatement au grand étonnement des autres personnes qui suivaient avec une certaine appréhension tous ces mouvements divers.

En un clin d'œil, il enleva la perruque rouge posée sur ses cheveux noirs et arracha le large emplâtre qui envahissait la moitié de sa figure. Il n'était plus courbé comme un homme de cinquante ans.

— Mon père, mon cher père, dit le jeune homme qui se redressa, et vous, mes chères sœurs, et vous ma tante, je suis donc enfin arrivé à vous revoir ! »

— Dieu vous bénisse, mon Henry, mon fils ! s'écria M. Wharton joyeusement surpris, tandis que les demoiselles, appuyées sur les épaules de leur frère, fondaient en pleurs.

Le fidèle nègre qui appartenait à la maison de son maître depuis l'enfance et qui, par dérision avait reçu le nom de César, fut le seul spectateur de cette scène de famille. Il déposa sur la main de son jeune maître un baiser arrosé d'une larme et s'éloigna. Le petit garçon qui avait accompagné M. Harper n'était pas revenu ; lorsqu'au bout d'un moment, le nègre rentra dans la salle à manger, il entendit le jeune capitaine anglais s'écrier :

— Mais quel est ce monsieur Harper ? est-il capable de me trahir ?

— Non, non, non, maître Henry, s'écria le noir en secouant la tête, d'un air confiant, j'ai vu M. Harper à genoux et priant Dieu. Un homme qui prie Dieu, ne dénoncerait pas un bon fils qui vient voir son Père ; c'est là une infamie propre à un écorcheur, mais non à un chrétien.

Il n'était pas le seul à avoir mauvaise opinion des écorcheurs, M. César Thompson, de son vrai nom, mais mieux M. César Wharton, ainsi que l'appelaient ses connaissances. Par tactique, et peut-être par nécessité, les chefs des armées américaines employaient, pour chercher l'ennemi dans les environs de New-York, des agents subalternes dont les habitudes étaient fort irrégulières. Ce n'était pas le moment de se montrer sévère, quant à la discipline : les abus de tous genres, les actes d'injustice et d'oppression qui se commettaient, étaient les conséquences naturelles d'un pouvoir militaire que ne contenait pas l'autorité civile.

La principale occupation de cette compagnie paraissait être de soulager les habitants de la contrée de l'excès des biens temporels, sous le prétexte de patriotisme et d'amour de la liberté.

Parfois l'appui du pouvoir militaire ne manquait pas pour exiger ces distributions arbitraires, et un faible détachement des troupes de l'État venait donner une sanction quasi-légale à des actes de village éhonté, et souvent à des meurtres.

De leur côté, les Anglais avaient, en faisant appel à la loyauté des fidèles sujets, recruté des flibustiers aussi résolus à profiter des avantages de la campagne, mais leurs efforts étaient mieux dirigés. Une longue expérience avait appris à leurs chefs l'avantage de concentrer leurs forces. Bien que la tradition ait raconté avec grande partialité leurs exploits, le résultat donna un peu raison à leurs prévisions. Ce corps qui ravageait avec un soin spécial toutes les étables, avait reçu pour cela un étrange surnom. On appelait *vachers* les hommes qui en faisaient partie.

César était un trop loyal sujet pour assimiler les soldats de Georges III aux bandes irrégulières dont il avait vu de ses propres yeux les déprédations ; au reste, les écorcheurs ne l'avaient pas ménagé lui-même : bien que pauvre et en esclavage, il avait eu à souffrir de leur rapacité. Voilà comment les *vachers* n'avaient pas, bien que l'ayant mérité, été cités par César comme capables de trahir un fils dévoué qui venait voir son père, au milieu de mille périls et au risque d'être fait prisonnier.

II

Le père de M. Wharton était né en Angleterre, d'une famille à qui ses relations avec le Parlement avaient permis de placer un cadet dans la colonie de New-York. Le jeune homme, à l'exemple de beaucoup de ses pareils, s'était définitivement fixé dans le Nouveau-Monde par un mariage. Son fils unique fut envoyé de bonne heure en Angleterre pour y profiter des bénéfices de l'éducation des écoles britanniques. Après avoir pris tous ses degrés dans l'une des universités de la mère-patrie, le jeune homme y avait prolongé son séjour, dans le but de se familiariser avec la vie et les usages de la société européenne. Mais la mort de son père, en survenant deux ans plus tard, le rappela en Amérique, où il avait à soutenir l'éclat d'un nom honorable et gérer des biens très-considérables.

C'était la mode de l'époque, de placer les jeunes gens d'un certain rang dans l'armée ou la marine anglaise; on regardait l'état militaire comme l'acheminement le plus sûr vers les hauts emplois. Beaucoup de gens, munis de fonctions importantes, avaient débuté dans la carrière par la profession des armes, et il n'était pas rare de voir un vétéran échanger son épée contre l'hermine, cet insigne des plus grandes dignités judiciaires.

Conformément à ce système, M. Wharton avait poussé son fils vers l'état militaire; mais l'indécision naturelle du caractère du jeune homme contraria ses vues paternelles.

Depuis un an, il était occupé à examiner les avantages respectifs des différents corps de troupes, lorsque son père mourut. Les agréments que sa position de propriétaire d'un des domaines les plus importants de la colonie lui valut, affaiblirent les projets ambitieux du jeune homme, qui, pour les raisons motivées plus haut, avait ses flatteurs et ses amis.

L'amour porta le dernier coup à ses projets, et M. Wharton, en devenant époux, cessa de penser à devenir soldat. Pendant longues années il goûta, heureux et tranquille, les charmes de la vie de famille, entouré du respect de ses concitoyens, qui honoraient son intégrité et aussi sa brillante situation de fortune. Hélas! tant de bonheur s'évanouit à la fois.

Son fils unique, que nous vous avons présenté dans le chapitre précédent, était entré dans l'armée. Il était revenu dans son pays, un peu avant le commencement des hostilités, avec les renforts que le ministère avait jugé prudent d'expédier dans les parties mécontentes de l'Amérique du Nord. Ses filles entraient, à ce moment, dans la vie, et leur éducation réclamait toutes les ressources qu'une grande ville peut offrir en semblable occurrence. Sa femme, dont la santé s'était de plus en plus altérée pendant les dernières années, avait eu à peine le temps de presser son fils sur son sein, dans une joyeuse réunion, que la révolution envahit, avec la rapidité d'un incendie, tous les États, depuis la Géorgie jusqu'au Massachussetts.

Ce choc était trop rude pour la pauvre malade : madame Wharton succomba sous le chagrin, en voyant son enfant appelé à combattre dans le Sud, contre les membres de sa propre famille.

Nulle part, les coutumes anglaises et les préjugés du sang et de la noblesse n'avaient plus faveur que dans le cercle avoisinant immédiatement la capitale de New-York. Les habitudes des premiers colons hollandais se mêlaient dans certaine mesure avec les usages britanniques qui dominaient dans ce mélange.

Cet attachement pour la Grande-Bretagne avait été accru par les fréquents mariages des officiers de la mère-patrie avec les plus riches et les plus distinguées des héritières de la contrée. Ces influences réunies décidèrent la colonie à embrasser le parti de la couronne. Une petite fraction cependant de l'aristocratie épousa la cause du peuple, et, secondée par le concours de l'armée de la Confédération, créa, malgré les efforts du parti ministériel, un gouvernement libre et républicain.

La ville de New-York et ses environs furent seuls soustraits au pouvoir nouveau, et l'autorité royale ne s'étendit plus que partout où son prestige pouvait être appuyé par les baïonnettes des soldats du roi. Dans cet état de choses, les royalistes adoptèrent des mesures variant selon leur caractère et leurs positions. Quelques-uns prirent les armes pour soutenir les droits de leur prince, et sauver de la confiscation leurs biens personnels; d'autres quittèrent la contrée, cherchant, contre le tumulte et les périls de la guerre, un asile dans la cité que, gravement, ils appelaient la leur; ils espéraient, au reste, pouvoir rentrer à la fin de la saison. D'autres, plus sages, restèrent dans leur pays natal, par sollicitude pour leurs intérêts matériels engagés dans leurs vastes domaines, et aussi peut-être par attachement à la patrie de leur jeunesse. M. Warthon fut de ce nombre. Après avoir paré à toutes les futures éventualités en plaçant secrètement ses fonds en Angleterre, ce gentleman résolut de rester sur le théâtre des évènements et de garder une stricte neutralité, afin de sauvegarder ses immenses possessions contre les rancunes du vainqueur, quel qu'il fût. En apparence, il était occupé de l'éducation de ses filles.

Les Anglais ayant établi leur quartier-général à New-York,

M. Wharthon fut prévenu par un de ses parents, influant dans le nouveau gouvernement, que sa présence dans une cité occupée par l'ennemi serait presque regardée par les Américains comme une trahison. Il était aussi compromettant d'habiter New-York, que de s'embarquer pour Londres. M. Wharton jugea prudent, sur cet avis, de quitter la place. Il possédait une résidence fort jolie et fort bien entretenue dans le comté de West-Chester, où depuis quelques années il avait l'habitude de passer l'été. Sa fille aînée était déjà admirée dans la société des dames, mais Frances, la plus jeune, avait besoin d'une ou deux années de culture pour briller avec éclat; ainsi pensa, du moins, la sœur de feue sa mère, miss Jeannette Peyton, qui quitta l'État de Virginie, qu'elle habitait, pour se dévouer au bonheur de ses nièces orphelines, avec l'affection particulière à son sexe. Le père estima que les avis de sa belle-sœur méritaient d'être pris en considération, et il confia ses enfants à la tendresse de miss Jeannette Peyton.

M. Wharton se retira aux Sauterelles, quoique bien affligé de se séparer de tout ce qui lui rappelait sa femme adorée; mais ce sacrifice, commandé par la prudence, était nécessaire pour la conservation de ses propriétés. Les jeunes filles continuèrent à résider à New-York avec leur tante. Le régiment du capitaine Warthon faisait partie de la garnison permanente de la ville. La présence de son fils calmait les alarmes que le père aurait pu concevoir au sujet de ses filles éloignées de lui. Mais le capitaine Wharton était à la fois un jeune homme et un soldat; peu expert dans sa façon de juger les hommes, il était trop porté à croire que l'uniforme rouge ne pouvait jamais recouvrir un mauvais cœur.

La maison de ville de M. Wharton était devenue le centre de réunion des officiers de l'armée royale, également reçus dans les familles aristocratiques de l'endroit. Les conséquences de ces visites furent heureuses pour quelques-uns, préjudiciables pour ceux qui se fiaient à des promesses qui ne devaient jamais se réaliser. La fortune de M. Wharton était considérable, et les jeunes filles restaient sous la sauvegarde d'un frère courageux ; mais il était impossible que l'admiration qu'excitaient les charmes de Sarah ne produisît pas quelque résultat. Mademoiselle Wharton, par ses grâces prématurément développées sous le climat du Nouveau-Monde était, sans conteste, la fleur de la cité. Personne n'eût pu se permettre de lui disputer cette souveraineté féminine, personne, excepté sa jeune sœur. Frances venait d'atteindre ses seize ans, et l'idée de toute jalousie n'entrait pas dans l'esprit des deux aimables demoiselles. Après la conversation du colonel Wellmere, le plus grand plaisir de Sarah était de contempler les beautés naissantes de sa petite Hébé, qui étalait devant elle toute son innocence enfantine, tout l'enthousiasme d'un tempérament ardent et la bizarrerie de sa nature romanesque. Les discussions fréquentes aux quelles se livraient sur la guerre les beaux officiers anglais qu fréquentaient la maison, produisirent sur les deux sœurs un effet tout opposé, peut-être parce que Frances ne prenait point pour elle, comme le faisait Sarah, les compliments de ces messieurs. Les officiers anglais jugeaient de bon goût de parler dédaigneusement de leurs ennemis, et Sarah croyait sur parole leurs forfanteries. Les premières opinions politiques qui frappèrent les oreilles de Frances étaient assaisonnées de railleries offensantes contre ses concitoyens. Elle y crut d'abord, mais en écoutant les appréciations d'un général qui pensait équitable de rendre justice à ses adversaires, si on voulait qu'ils agissent de même, Frances devint un peu sceptique touchant la prétendue incapacité de ses compatriotes. Le colonel Welmere était de ceux qui se plaisaient à lancer des traits malicieux contre les malheureux Américains, et la jeune fille se prit bientôt à accueillir avec défiance et aigreur les accusations du beau parleur.

Un jour d'été, Sarah, le colonel et Frances étaient assis dans le salon de la demeure de M. Wharton. Frances était occupée à broder sur son métier dans un coin de l'appartement, tandis que sa sœur et le présomptueux militaire, assis sur un sofa, échangeaient de menus propos et des regards qui en accentuaient la portée. Tout d'un coup, le gentleman s'écria :

— Quelle gaîté va répandre à la cité l'arrivée du corps de troupes du général Burgogne !

— Oh ! oui, dit Sarah, l'arrivée de plusieurs officiers et de leurs charmantes femmes ne peut qu'être très-agréable.

Frances rejeta en arrière son épaisse chevelure d'un blond doré; elle leva de dessus son ouvrage ses yeux tout brûlants du feu de la fièvre nationale, et cachant son humeur dans un éclat de rire, elle demanda :

— Est-il bien certain qu'il soit permis au général Burgogne de pénétrer ici ?

— Permis ! s'écria le colonel avec une surprise affectée, qui pourrait contrarier ses désirs, ma jolie miss Frances ?

Frances était à l'âge où les jeunes filles sont les plus jalouses de leur position dans la société, parce qu'elles ne sont plus des enfants et pas encore des femmes.

Ces mots « ma jolie miss Frances » la choquèrent par leur familiarité; elle devint pourpre et baissant les yeux sur son ouvrage, elle repartit avec émotion :

— Le général Warke a bien tenu en respect les Allemands. Pourquoi le général Gates ne mettrait-il pas les Anglais en état de ne pas nuire ?

— Oh ! grommela le colonel, excessivement vexé d'être obligé de s'expliquer, comme vous le dites, on avait affaire à des Allemands, à des troupes mercenaires; quant aux vrais régiments anglais, la question changera de face.

— Certainement, dit Sarah, s'associant en apparence à l'irritation du colonel contre sa sœur et fêtant déjà dans son cœur le triomphe des Anglais.

— Apprenez-moi, je vous prie, colonel Welmere, reprit Frances en recouvrant sa bonne humeur, et regardant fixement son interlocuteur, apprenez-moi si le lord Percy de Lexington est le parent de celui qui combattit à Chevy ?

— Pour le coup, miss Frances, vous devenez rebelle, répliqua le colonel qui riait jaune, comment pouvez-vous insinuer que la bataille de Lexington a été une défaite, alors que ce n'était qu'une sorte de judicieuse retraite, de...

— Combat à reculons, interrompit la joyeuse enfant en appuyant sur ces mots :

— Positivement, mademoiselle ! s'écria quelqu'un qu'on n'avait pas encore remarqué et qui coupa ainsi la parole au colonel Welmere.

Il y avait une petite salle attenante à celle occupée par le trio et le vent avait ouvert la porte de communication. Un beau jeune homme se tenait sur le seuil; sa figure souriante indiquait qu'il avait suivi avec intérêt la conversation précédente. Il s'avança vers la société, son chapeau à la main. Sa taille était élevée, et ses yeux pétillaient encore de jovialité lorsqu'il salua les deux demoiselles.

— Monsieur Dunwoodie, s'écria Sarah surprise, j'ignorais votre présence dans notre maison; approchez-vous ; il fait ici moins chaud que de l'autre côté.

— Merci, répliqua le jeune homme, mais je dois aller rejoindre votre frère qui m'avait placé là en embuscade, avec la promesse de revenir me trouver dans une heure.

Sur ce, le jeune homme fit une respectueuse révérence aux deux demoiselles, salua le colonel de loin, avec un air hautain et se retira. Frances l'accompagna dans le vestibule.

— Pourquoi vous en allez-vous, monsieur Dunwoodie. Henry rentrera bientôt.

Le gentleman prit une des mains de la demoiselle dans les siennes et répondit avec un air tendre et animé.

— Vous l'avez fameusement remis à sa place, ma chère petite cousine ! Oh ! n'oubliez jamais, oh ! non jamais, votre pays natal. N'oubliez pas non plus que si vous êtes la petite-fille d'un Anglais, vous êtes, d'autre part, celle d'une Peyton !

— Oh ! repartit gaiement Frances, il serait vraiment bien difficile de ne pas s'en souvenir avec les continuelles lectures dont ma tante Jeannette nous favorise sur notre généalogie. Mais, pourquoi vous en allez-vous !

— Je pars pour la Virginie et je suis très-occupé.

En disant ces mots, il serra la main de Frances et la regardant encore tout en fermant la porte, il s'écria :

— Soyez fidèle à votre patrie, soyez Américaine.

Le colonel s'était trouvé mal à l'aise entre les franches railleries de Frances et le mépris à peine déguisé du jeune homme; mais honteux d'ajouter la moindre importance à ces vétilles devant sa future, il dit en faisant allusion à la manière dont Dunwoodie avait pris congé.

— Quelle audace pour un jeune homme de son rang, car c'est sans doute quelque commis de magasin ?

Sarah ne pouvait admettre pareille comparaison, aussi répondit-elle en fixant sur le colonel ses yeux surpris :

— Dunwoodie, un commis de magasin, oh ! non ! c'est un parent de ma tante et un grand ami de mon frère. Ils ont fait leurs classes ensemble et se sont seulement séparés en Angleterre, l'un pour entrer dans l'armée du roi, l'autre pour suivre en France les cours d'une école militaire.

— Cet argent me paraît avoir été dépensé en pure perte par ses parents, fit observer le colonel, cachant mal sa mauvaise impression.

— C'est à désirer, ajouta Sarah, avec un sourire, car on prétend qu'il a l'intention de se joindre à l'armée rebelle ; il est venu ici sur un bâtiment français, et vous le rencontrerez peut-être bientôt dans quelque engagement.

— Bien, en attendant, si vous le voulez, ne parlons plus de lui. Je souhaite à Washington beaucoup de héros de cette taille ; et donnant un tour agréable à la conversation, il changea de sujet.

Quelques semaines après la scène que nous avons racontée, l'armée de Burgogne fut obligée de déposer les armes. M. Wharton, commençant à envisager le résultat de la lutte comme douteux, prit la résolution de contenter à la fois et ses compatriotes et les besoins de son cœur en faisant rentrer ses filles auprès de lui Miss Peyton consentit à les accompagner, et depuis ce moment jusqu'à celui où commence notre récit, la famille fut réunie.

Le capitaine Wharton, obligé d'accompagner l'armée anglaise dans tous ses mouvements, n'avait pu se procurer qu'une ou deux fois le plaisir de revoir ses parents; encore avait-il dû profiter pour cela de la présence dans le voisinage des Sauterelles, de quelques forts détachements des troupes royales.

Une année s'était écoulée sans lui fournir cette satisfaction du cœur ; aussi avait-il adopté, dans son impatience, le déguisement que nous avons décrit et était-il arrivé, par une fâcheuse coïncidence, le jour où se trouvait à la maison paternelle un inconnu qui paraissait suspect. C'était jour de malheur, car d'habitude personne ne troublait par sa présence les hôtes de ce lieu.

— Pensez-vous que ma présence ait éveillé ses soupçons ? demanda avec inquiétude le capitaine, lorsque César eut fini d'exposer son opinion sur les écorcheurs.

— Comment cela serait-il ? s'écria Sarah, puisque même vos sœurs et votre père ont été dupes de votre travestissement.

— Il a quelque chose de mystérieux dans ses manières, et, pour un observateur indifférent, je crois que ses yeux sont bien perçants, ajouta le capitaine Wharton d'un ton soucieux; sa figure ne m'est pas absolument inconnue. La mort récente d'André a causé une grande irritation des deux côtés. Sir Henry [1] se propose de venger son officier, Washington est aussi ferme dans ses résolutions que si la moitié du monde obéissait à ses ordres. Si les rebelles me tenaient en leur pouvoir, ils me traiteraient en ennemi, ils me feraient un mauvais parti.

— Mais, mon fils, s'écria le père, en proie à de vives alarmes,

[1] Clinton.

vous n'êtes pas un espion, vous n'êtes pas en pays rebelle; les Sauterelles sont sur la frontière des lignes américaines et ici un espion ne servirait par conséquent à rien.

— Cela peut se discuter, répliqua le jeune homme, avec distraction; leur avant-garde était campée dans la Plaine-Blanche, lorsque je l'ai traversée dans mon déguisement. Sans doute, mes projets sont inoffensifs, mais comment en fournir la preuve ? Ma visite sera regardée comme un prétexte servant de manteau à d'autres desseins. Souvenez-vous des tracasseries auxquelles vous avez été en butte, il y a environ un an, pour m'avoir envoyé des fruits d'hiver.

— Cela provint, dit M. Wharton, des démarches malveillantes de mes bons voisins, qui agirent ainsi dans l'espoir que mes propriétés une fois confisquées, ils pourraient les acquérir à vil prix. Peyton Dunwoodie, néanmoins, obtint bientôt notre liberté, après un mois de détention.

— Comment ! répéta le fils avec étonnement ; on a donc emprisonné mes sœurs avec vous ? Frances, vous ne me l'avez pas écrit.

— Je crois, dit celle-ci en rougissant, vous avoir entretenu des bontés de votre ami le major Dunwoodie qui fit relâcher notre père.

— C'est vrai, mais vous ne m'avez pas parlé de votre séjour dans le camp des insurgés.

— Oui, dit M. Wharton attendri, Frances n'a pas voulu me laisser partir seul. Jeannette et Sarah sont restées aux Sauterelles, et ma dernière fille a été la compagne de ma captivité.

— Et Frances est devenue, depuis cette aventure, plus rebelle encore qu'auparavant ! s'écria Sarah avec indignation. Il était permis de supposer que les mauvais traitements des insurgés pour son père la guériraient de ses idées bizarres.

— Que répondez-vous à cette attaque ? ma bonne sœur, dit

joyeusement le capitaine. Est-ce que Peyton aurait essayé de vous inoculer la haine que, pour sa part, il porte à notre roi ?

— Peyton Dunwoodie n'a de haine contre personne, dit vivement Frances ; et rougissant de son ardeur irréfléchie, la demoiselle ajouta :

— Il vous aime beaucoup, Henry, je le sais, pour le lui avoir entendu répéter tant et plus.

Le jeune Wharton appliqua un petit soufflet bien amical sur la joue de sa sœur, et lui demanda tout bas avec son sourire le plus malin :

— Vous a-t-il dit aussi qu'il aimait ma petite sœur Frances.

— C'est une folie ! dit celle-ci en faisant enlever les restes du souper qui garnissaient encore la table.

III

Lorsque le vent d'est pousse un orage dans la plaine sise au pied des montagnes de l'Hudson, cet orage dure au moins deux jours, le plus souvent. Quand, le lendemain, le premier déjeuner réunit les habitants des Sauterelles, la pluie qui fouettait les vitres des croisées éloignait toute idée qu'on aurait pu avoir de s'aventurer au dehors.

Harper arriva le dernier, et demanda pardon à M. Wharton, d'être contraint, par la rigueur du temps, d'abuser encore des bontés de son hôte.

Celui-ci répondit avec une politesse embarrassée.

Sur les instances de son père, Henry Wharton avait revêtu de nouveau son déguisement auquel il avait tout d'abord voulu renoncer. Sa conversation avec l'étranger se borna aux salutations qu'il est d'usage de s'adresser le matin. Il sembla à Frances que lorsqu'en entrant dans la salle à manger, il avait regardé le capitaine sous son costume d'emprunt, le voyageur avait souri, mais ce sourire avait à peine altéré pour une minute l'expression constamment sereine et bienveillante de la physionomie de M. Harper.

Frances se calma à l'aspect de la bonté qui se reflétait sur le visage de l'étranger, et son cœur devint bientôt aussi régulier dans ses pulsations, que peut l'être un cœur de jeune fille dont la vivacité est l'indice d'une excellente santé.

Durant le repas, César, étant entré, déposa en silence un mince paquet auprès de son maître, et appuyant la main sur la chaise de M. Wharton, garda une attitude pleine à la fois de familiarité et d'un profond respect.

— Qu'est-ce que cela, César? demanda M. Wharton en examinant l'enveloppe du paquet qu'il retourna.

— C'est du tabac de New-York apporté pour vous, par Harvey Birsch.

— Harvey Birsch, dit M. Warthon, tout en lançant à la dérobée un regard sur l'étranger, je n'ai pas souvenance de l'avoir chargé de cette acquisition, mais toute peine mérite salaire.

Pendant que le nègre avait parlé, Harper avait suspendu une minute son repas ; ses yeux s'étaient lentement tournés tour à tour sur le maître et le serviteur, après quoi sa réserve habituelle avait repris le dessus.

Sarah parut satisfaite de l'arrivée de Birsch et ordonna qu'on l'introduisît, mais songeant tout-à-coup à l'étranger, elle ajouta en se tournant vers lui :

— J'espère que M. Harper sera assez bon pour nous excuser si nous recevons un colporteur.

La jeune fille, rassurée par un signe approbatif d'Harper, signe plus éloquent d'acquiescement que toutes les phrases du monde, répéta l'ordre qu'elle venait de formuler.

Dans les embrasures des fenêtres du cottage, se trouvaient les siéges en *alpha*, et les riches rideaux de damas qui avaient orné le salon de la rue de la Reine, à New-York, et avaient été transportés aux Sauterelles ; ils donnaient à l'appartement cette véritable allure de comfort intérieur qui annonce agréablement l'approche de l'hiver. Le capitaine Wharton se plaça dans une des embrasures et tira sur lui les plis du rideau, afin de mieux dérober sa personne à des regards importuns, tandis que sa plus jeune sœur, renonçant à sa franchise ordinaire et prenant un petit air boudeur, vint se placer à côté de son frère.

Harvey Birch, depuis sa plus tendre jeunesse, avait exercé le métier de colporteur ; il l'affirmait souvent, du moins, et son habileté dans la partie venait corroborer ses assertions. Il se disait natif d'une des colonies de l'Est, et à l'intelligence supérieure que son père et lui montraient, on pouvait supposer que tous deux avaient occupé des emplois plus relevés dans leur contrée natale.

Cependant Harvey avait les manières communes des hommes de sa contrée et de sa condition ; il se distinguait d'eux seulement par sa capacité et le mystère dont il enveloppait tous ses mouvements.

Depuis dix ans qu'ils étaient venus s'établir dans la vallée, les deux Birsch vivaient paisibles, obscurs et ignorés dans la pauvre chaumière où Harper avait demandé l'hospitalité et où il avait presque essuyé un refus.

Tant que l'âge et les infirmités ne s'étaient pas faits sentir, le père avait cultivé laborieusement le petit terrain attenant à la cabane, tandis que son fils se vouait avec courage à son humble profession.

Leur ordre et leur calme valurent aux deux habitants la considération des voisins, et une vieille fille de trente-cinq ans, oubliant les susceptibilités de son sexe, consentit à veiller tout leur intérieur. Les roses s'étaient depuis longtemps flétries sur les joues de Catherine Hagues, et quand elle entra dans la famille Birsch, elle avait vu, sans un grand espoir de suivre leur heureux exemple, tous ses compagnons et compagnes contracter le mariage.

La nécessité est un rude maître, et faute d'une meilleure société, le père et le fils furent conduits à accepter les services de Catherine qui ne manquait pas d'ailleurs des qualités indispensables pour faire une ménagère à peu près habile. Elle comptait parmi ses qualités la propreté, l'adresse, l'honnêteté et l'économie; ajoutons, pour le revers de la médaille, qu'elle était bavarde, égoïste, superstitieuse et très-curieuse. Grâce à ce dernier défaut, elle n'avait pas encore passé cinq années dans la maison qu'elle se déclarait fixée entièrement, ou à peu près, sur le passé de ses maîtres. Si Catherine avait possédé tant soit peu le don de divination, il lui eût été relativement facile de prédire leur avenir.

Par les conversations intimes du père et du fils, elle avait appris que le feu les avait réduits de l'opulence à la pauvreté et qu'eux deux seulement de toute leur famille avaient échappé aux flammes de l'incendie.

Quand il était question de ces funestes souvenirs, la voix du père tremblait tant que Catherine en avait été attendrie, mais pas assez, toutefois, pour que la vieille fille renonçât à sa curiosité naturelle.

Elle y persévéra tant et tant qu'un avertissement d'Harvey la prévint que, en cas de récidive, elle serait remplacée par une femme un peu plus jeune qu'elle, et lui fit comprendre ainsi qu'il y avait des limites qu'on ne devait pas dépasser. Dès lors, bien que ne négligeant aucune occasion d'écouter, elle n'augmenta guère sa provision de détails sur ses maîtres. Cependant, elle entrevit un mystère assez important et qui ne manquait pas pour elle d'intérêt; pour arriver à percer le voile qui la séparait de la vérité, elle concentra son énergie doublée d'ambition et de cupidité vers l'accomplissement de ses projets.

Harvey avait l'habitude d'aller souvent, au milieu de la nuit, devant le foyer de la salle qui faisait fonction de cuisine et de salon. Il n'échappa pas à la surveillance de Catherine qui, profitant de son absence, souleva, pendant que le vieillard était aux champs, l'une des pierres de l'âtre. Elle y trouva un pot de fer rempli de ce métal qui, presque toujours, ramollit même les cœurs les plus insensibles.

Catherine replaça adroitement la pierre sans être surprise et jamais elle ne renouvela cette singulière indiscrétion. Depuis lors, son cœur vierge d'amour battit pour la première fois, et rien n'empêcha Harvey de devenir heureux, mais Harvey ne pensait pas au bonheur du mariage et ne remarqua rien.

La guerre n'interrompit pas le trafic du colporteur, qui saisit l'occasion splendide que lui offrait, pour faire fortune, la suspension de tout commerce régulier. Harvey parut absorbé du grand souci d'amasser de l'argent. Pendant une année ou deux, les affaires et les profits marchèrent de la sorte; mais à la fin, des dénonciations malveillantes et occultes rendirent ses mouvements suspects, et les autorités civiles jugèrent convenable de contrôler soigneusement son genre de vie. Mis plusieurs fois en prison, Harvey n'y demeura pas longtemps, mais s'il échappa comparativement avec assez de facilité à la justice, il eut à endurer de la part du pouvoir militaire des persécutions moins aisées à éviter.

Il en sortit sain et sauf et, sa balle de pacotille sur l'épaule, il parcourut le pays comme auparavant, en veillant avec la plus grande prudence sur ses mouvements, surtout dans le voisinage des frontières nord du comté de West-Chester, c'est-à-dire des lignes américaines.

Birsch visitait moins souvent les Sauterelles et il devenait même tellement rare à sa propre demeure que Catherine s'en était plainte, avec raison, dans un court entretien avec Harper. Rien, cependant, ne paraissait arrêter l'intrépide marchand, qui, dans l'espoir de vendre des articles que seules pouvaient lui acheter les plus opulentes familles du comté, n'avait tenu aucun compte d'un violent ouragan pour franchir la distance qui séparait sa maison de celle de M. Wharton.

Quelques minutes après avoir reçu les ordres de sa jeune maîtresse, le nègre César introduisait dans l'appartement l'homme sur lequel nous avons cru devoir fournir les détails qui précèdent. Le colporteur était plutôt grand que petit, son corps était maigre, mais robustement bâti. Au premier aspect, on l'eût jugé impuissant à porter la lourde et embarrassante balle de marchandises qu'il remuait pourtant avec autant de facile adresse que si elle eût été remplie de plumes.

Les yeux gris et caves d'Harvey Birsch avaient deux expressions différentes qui indiquaient assez fidèlement le caractère de l'homme. Quand Birsch négociait une affaire, sa figure exprimait l'activité et une grande finesse ; parla-t-on de choses banales ou ordinaires, il affectait un air mi-distrait, mi inquiet ; mais si, par hasard, on causait de la révolution et de la patrie, toutes ses facultés se concentraient ; longtemps il écoutait sans mot dire ; les quelques observations qu'il faisait ensuite, sur un ton léger et badin, étaient trop en opposition avec son attitude habituelle pour ne pas être affectées. Au reste, il ne parlait de ce sujet que lorsqu'il ne pouvait faire autrement et ne se prononçait jamais sur la guerre de l'indépendance. Un observateur superficiel l'eût pris pour un homme avare et se fût trompé, car il était bien incapable de réaliser les projets de Catherine Hugues.

En entrant, le colporteur jeta sur le plancher le ballot qui lui arrivait presque aux épaules et salua la famille avec une politesse pleine de modestie ; il s'inclina devant Harper sans lever les yeux de dessus le tapis ; le rideau l'empêcha de s'apercevoir de la présence du capitaine Henry Wharton. Sarah, sans laisser à Birsch le temps de prolonger ses compliments et ses salutations, l'aida à vider le ballot et s'empressa d'en examiner le contenu qui, en un instant, encombra les tables, les chaises et le parquet ; les soiries, s crêpes, les gants, les mousselines s'étalaient aux yeux des admirateurs.

ésar fut occupé à tenir le paquet ouvert ; mais ce travail ne l'empêchait pas d'appeler l'attention de la jeune fille sur les étoffes qui, par leurs couleurs vives et bigarrées, étaient sympathiques au bon noir ; enfin, Sarah, après avoir choisi et payé divers articles, sans marchander, s'écria d'un air jovial :

— Ne nous apportez-vous aucune nouvelle, Harvey ? Lord Cornwallis a-t-il encore battu les rebelles.

Le colporteur, sans prendre garde à cette interrogation, étala force dentelles, dont il vanta la grande finesse à Sarah. Miss Peyton laissa choir sa tasse, et Frances, quittant la place où elle était blottie, admira, comme sa tante et sa sœur, les merveilles sorties de la balle de Birsch. Celui-ci fit bonne vente. Sarah, joyeuse des achats et mêlant la politique au plaisir, répéta sa question.

Le colporteur répondit avec lenteur :

— On dit que Tarleton a vaincu le général Sumpter, sur la rivière du Tigre.

En entendant cette réponse, le capitaine Wharton allongea involontairement la tête entre les rideaux et Frances observa qu'Harper regardait finement par-dessus son livre le porteur de nouvelles.

— Qu'est-ce que ce Sumpter, demanda Sarah ; je ne vous achèterai pas même une épingle avant que vous n'ayez parlé.

Et, tout en riant, elle rejeta en arrière le coupon de mousseline qu'elle tenait à la main.

Harvey eut un moment d'hésitation qui cessa dès qu'il eût jeté son coup-d'œil furtif sur Harper. Il prit place devant le feu, retira de sa bouche une grosse chique de tabac de Virginie, et la jeta dans le foyer sans respecter les chenêts que miss Peyton avait frottés de ses blanches mains.

— Ce Sumpter est un créole des colonies méridionales, il vit avec les nègres.

— Les noirs valent les blancs, interrompit César avec colère.

— Du calme, César. Voyons, Harvey, continuez, dit Sarah vivement intriguée.

— Ce Sumpter a eu une petite rencontre avec le corps du colonel Tarleton.

— Et il l'a complétement défait ! s'écria Sarah avec confiance.

— Oui, au dire des soldats anglais en garnison à Morrisania.

— Qu'en pensez-vous, Harvey, demanda à voix basse M. Wharton.

— Je n'ai pas d'opinion ; je me borne à servir d'écho.

Birsch présenta à Sarah un article à choisir, mais celle-ci n'était pas satisfaite des explications fournies ; elle voulait tout savoir.

Après avoir tacitement consulté Harper du regard, le colporteur poursuivit :

— Dans les plaines, on soutient que les milices américaines s'étaient fortifiées dans une grange protégée par des troncs d'arbres, que Sumpter et plusieurs autres ont été blessés et que les troupes régulières ont été décimées.

— Cela est peu probable, dit Sarah d'un ton où le mépris s'alliait à l'incrédulité ; je tiens seulement pour vrai ce fait que les Américains se sont mis à l'abri derrière des troncs d'arbres.

— M'est avis, répliqua le colporteur, qu'il vaut mieux mettre un tronc d'arbre entre un fusil et soi que de se mettre entre un tronc d'arbre et un fusil.

Les yeux d'Harper s'abaissèrent tranquillement sur les pages de son livre, tandis que Frances se leva et s'approcha de Birsch, le sourire sur les lèvres.

— Avez vous encore des dentelles, M. Birsch? lui demanda-t-elle sur un ton d'affabilité inaccoutumée.

L'article désiré fut immédiatement produit, et Frances en acheta aussitôt; puis, par son ordre, un verre de liqueur fut apporté à Birsch, qui but à la santé du maître de la maison et de ses filles.

— Ainsi, on suppose que le colonel Tarleton a battu le général Sumpter? dit M. Wharton, en affectant d'être très-occupé à raccommoder la tasse brisée par le maladroit empressement de sa belle-sœur.

— Je crois qu'on pense de la sorte à Morrisonia, dit Harvey, sèchement.

— Avez-vous d'autres nouvelles, mon ami? demanda le capitaine Wharton, s'aventurant à ne plus cacher sa figure derrière les rideaux.

— Avez-vous entendu dire que le major André avait été pendu?

Le capitaine Wharton tressaillit; il échangea avec le colporteur un regard très-significatif, tandis qu'il exprimait d'un air indifférent :

— Cette exécution a eu lieu il y a environ cinq semaines.

— A-t-elle causé grand bruit? s'enquit le père.

— Le peuple est bavard, vous le savez, monsieur, repartit le colporteur en offrant très-respectueusement ses marchandises aux demoiselles.

— Prévoit-on quelques mouvements probables des troupes qui pourraient rendre un voyage dangereux? demanda Harper en fixant le visage d'Harvey.

Des rouleaux de rubans tombèrent des mains de Birsch, qui prit subitement une contenance grave et dit :

— La cavalerie régulière est dehors depuis quelque temps, et les soldats du quartier de De Lancees fourbissaient leurs armes comme je traversais leur campement; il n'y aurait rien de surprenant qu'ils marchassent à la rencontre de la cavalerie virginienne qui se trouve sur la frontière du comté.

— Sont-ils en force ? demanda M. Wharton, avec inquiétude.

— Je ne les ai pas comptés, dit le colporteur, qui paraissait désireux de revenir à ses marchés plutôt que de discourir sur les événements.

Frances, seule, avait remarqué le changement qui se produisit dans les manières de Birsch quand il parla à Harper; celle-ci avait fermé son livre en silence. La jeune fille prit quelques rubans entre ses mains, les laissa tomber et se pencha sur le ballot pour les ramasser; dans cette position, comme sa longue chevelure bouclée cachait la rougeur de sa figure, Frances s'aventura à reprendre ainsi la conversation :

— Je croyais que la cavalerie du Sud s'avançait vers la Delaware.

— Cela peut bien être, dit Birsch, je suis passé à distance des troupes.

César avait choisi une pièce de calicot où le rouge et le noir contrastaient avec le fond blanc; après avoir débattu le prix et conclu le marché, le noir s'éloigna pour en conférer avec Dinah, sa vieille épouse.

Tandis que Birsch rassemblait ses marchandises, le capitaine Wharton l'interrogea pour savoir s'il avait quitté la ville (New-York) depuis longtemps.

— A la pointe de l'aube; telle fut la réponse.

— Aussi tard ! Et comment avez-vous pu, à pareille heure tromper les sentinelles ?

— Je l'ai fait, répliqua laconiquement Harvey.

— Vous devez être maintenant fort connu des officiers de l'armée anglaise, dit Sarah avec un malicieux sourire.

— De quelques-uns.

Les regards de Birsch, après s'être promenés tout autour de la chambre, tombèrent tour à tour sur le capitaine Wharton et sur Harper.

M. Warthon, qui avait suivi avec attention cet entretien, ne conservait plus un air d'indifférence affichée; il brisait entre ses doigts les morceaux de la porcelaine de Chine qu'il avait essayé si laborieusement de rajuster. Lorsqu'il vit le colporteur attacher le dernier nœud de sa balle, il lui posa à brûle-pourpoint la question suivante :

— Serons-nous encore inquiétés par l'ennemi ?

— Qui nommez-vous vos ennemis ? dit le marchand en se redressant et lançant à son interlocuteur un regard glacial. M. Wharton, confus, baissa la tête.

— Ceux-là sont les ennemis qui troublent notre paix, dit miss Peyton, venant au secours de son beau-frère incapable de parler. Mais les troupes royales sont-elles hors de leurs quartiers ?

— Elles ne tarderont pas probablement.

Birsch chargea son paquet en se préparant à partir.

— Et les Américains, continua miss Peyton avec douceur, sont-ils dans la contrée ?

Harvey allait répondre quand la porte s'ouvrit et César se montra en compagnie de son épouse. Un statuaire aurait, sans doute, signalé de nombreux défauts dans la personne du nègre, mais le cœur de ce personnage était bien placé et était, nous en sommes certains, parfaitement proportionné. César était le type du vieux domestique de famille; il ne ressemblait pas à ces serviteurs d'aujourd'hui que ne retiennent ni les principes, ni l'affection.

César s'avança avec sa femme et exprima à Sarah sa reconnaissance pour le cadeau qu'elle faisait à Dinah. Sarah reçut avec bienveillance ces remerciements et complimenta, le mari sur son bon goût, la négresse sur sa tournure avantageuse qu'elle aurait dans sa nouvelle toilette. Frances, participant à la joie des deux noirs, proposa son aiguille pour disposer le beau calicot à son futur usage. L'offre fut acceptée avec respect et gratitude.

César se retira avec son épouse; Birsch s'éloigna aussi. Quand le nègre ferma la porte, on l'entendit encore murmurer en se parlant à lui-même : Bonne petite demoiselle Frances, elle prend soin de son père, et elle veut bien tout de même coudre la robe pour la vieille Dinah !

Harper, contemplant cette scène, avait laissé tomber son livre. Frances fut doublement joyeuse en recevant un sourire d'approbation de cet homme dont la physionomie pensive et soucieuse avait cette expression de bonté qui caractérise les meilleurs sentiments du cœur humain.

IV

Après le départ du colporteur, la société garda un instant le silence. M. Wharton éprouvait un surcroît d'inquiétude sur le sort de son fils. Le capitaine désirait impatiemment qu'Harper fût loin de la place qu'il occupait avec un imperturbable sang-froid, tandis que miss Peyton vaquait aux préparatifs du déjeuner, avec sa complaisance habituelle, encore accrue par le plaisir de posséder une si grande quantité de dentelles. Sarah était en train de classer ses acquisitions et Frances l'aidait dans ce travail, négligeant ses propres occupations au profit de sa sœur, lorsque l'étranger rompit tout-à-coup le silence, en disant :

— Si c'est à cause de moi que le capitaine Wharton persiste à conserver son travestissement, je désire le désabuser. Je n'ai aucun motif pour le trahir, et, même dans les circonstances présentes, je ne le pourrais.

La plus jeune des demoiselles s'affaissa sur elle-même, pâle et effrayée; miss Peyton laissa échapper la théière qu'elle venait d'enlever de dessus la table, et Sarab, interdite, suspendit son travail. M. Wharton fut anéanti de stupeur; le capitaine, rapidement remis de sa surprise, vint se placer au milieu de l'appartement et s'écria, tout en se dépouillant de son déguisement :

— Je vous crois du fond du cœur ; cela ne pouvait pas continuer longtemps. Mais je suis à me demander comment vous avez pu me reconnaître.

— Vous êtes beaucoup mieux au naturel, capitaine Wharton, dit Harper avec un faible sourire, et je vous conseille de ne jamais plus vous déguiser à l'avenir. Voici, si d'autres moyens manquaient, quelque chose qui suffirait pour trahir votre identité.

L'étranger, en prononçant ces mots, montrait un portrait suspendu au-dessus de la cheminée, et qui représentait l'officier britannique dans son costume de régiment.

— Je me flattais que j'étais beaucoup mieux sur cette toile que sous mon masque. Vous êtes un excellent observateur, monsieur.

— La nécessité m'a rendu tel, dit Harper en se levant de son siége.

Frances le suivit comme il s'éloignait, et prenant ses deux mains dans les siennes :

— Vous ne pouvez pas, vous ne voulez pas trahir mon frère, n'est-ce pas, monsieur ?

Harper s'arrêta et contempla, dans une silencieuse admiration, la jolie suppliante, dont les joues étaient embellies du plus brillant vermillon. Il posa ses mains sur la tête de Frances et répondit solennellement :

— Je ne le puis ni ne le veux. Si la bénédiction d'un étranger peut vous être profitable, recevez-la. Sur ce, il salua respectueusement la gentille sollicíteuse et regagna son appartement. Tout le monde fut vivement frappé des manières graves et franches de l'étranger ; seul, le père éleva quelques doutes. Le capitaine quitta ses vêtements d'emprunt, et put dès lors joyeusement goûter les charmes d'une visite pour laquelle il avait bravé tant de dangers. M. Wharton se retira pour s'occuper de ses affaires ordinaires. Les deux jeunes filles se lancèrent avec leur frère dans une conversation qui roula sur des sujets chers et agréables. La gaîté gagna jusqu'à miss Peyton elle-même. On causa de New York, du colonel Wellmere et de Dunwoodie.

La famille de M. Wharton continua à jouir pendant tout le reste du jour d'un bonheur dont elle était depuis longtemps privée. Harper reparut seulement pour le dîner et se retira aussitôt le repas terminé, sous le prétexte de quelque travail qui l'appelait dans sa chambre. Bien que ses manières eussent confirmé ses hôtes dans leur confiance, ceux ci le virent s'éloigner avec encore plus de plaisir, car le séjour du capitaine Wharton aux Sauterelles devait nécessairement être court, pour deux motifs, d'abord parce que la permission du jeune homme touchait à sa fin, ensuite parce qu'à tout moment il y avait à redouter une surprise fatale.

Les appréhensions, toutefois, s'effaçaient devant la joie de la réunion. Une ou deux fois, durant le jour, M. Wharton avait émis quelques soupçons sur le caractère de l'inconnu, et la possibilité d'une dénonciation compromettante. Ses enfants repoussèrent tous cette idée ; Sarah, elle-même, s'unit à son frère et à sa sœur pour plaider avec chaleur en faveur de la sincérité exprimée sur les traits de l'étranger.

— Ce ne sont que des apparences, mes enfants, répondit le père avec abattement, et les apparences sont si souvent trompeuses ; quand des hommes comme le major André consentent à se prêter à des plans frauduleux, il ne faut pas se fier à quelques qualités, surtout quand ces qualités ne sont qu'extérieures.

— Des plans frauduleux ! s'écria Henry avec impétuosité. Vous oubliez, sans doute, que le major André était au service du roi, et que les usages de la guerre justifient sa manière d'agir.

— Est-ce que les usages de la guerre ne justifient pas aussi sa mort, Henry ! demanda Frances en baissant la voix.

— Jamais ! jamais ! Vous m'affligez, Frances. Supposez que telle soit ma destinée de tomber aujourd'hui au pouvoir des rebelles, vous excuseriez alors mon exécution, vous exalteriez peut-être la cruauté de Washington !

— Henry, dit Frances, blanche comme une morte et d'une voix tremblante, que vous connaissez peu mon cœur !

— Pardon, ma chère sœur, s'écria le jeune homme, se repentant de sa vive apostrophe, et la pressant sur son cœur ; il baisa les larmes qui s'échappaient en ruisselant des yeux de la jeune fille.

— C'est vraiment folie de ma part de prendre à la lettre vos propos violents, je le reconnais, dit Frances en s'arrachant des bras de son frère et en levant sur lui ses yeux encore humides et déjà souriants, mais les reproches de ceux que nous aimons sont bien pénibles, surtout lorsqu'ils sont immérités, vous ne l'ignorez pas.

Quand la jeune fille acheva de parler, sa pâleur disparut sous les fraîches couleurs de la rose. Miss Peyton s'avança vers sa nièce et lui serrant la main avec affection, elle se permit cette observation :

— Pourquoi vous affliger de l'impétuosité de votre frère ! vous savez bien que les jeunes gens n'ont pas de raison.

— Ma conduite vous donne le droit d'ajouter qu'ils sont barbares, dit le capitaine prenant place de l'autre côté près de sa sœur ; mais au sujet de la mort d'André, nous sommes tous d'une irritation extrême. Vous n'avez pas connu le major : c'était un homme d'une bravoure à toute épreuve, d'un caractère accompli et des plus estimables.

Frances sourit avec douceur, fit avec la tête un petit geste négatif, mais ne répliqua rien. Son frère remarquant ce signe d'incrédulité, ajouta :

— En doutez-vous, ma sœur, et justifiez-vous le meurtre dont il a été victime ?

— Je ne doute pas de ses qualités ; il méritait un sort plus heureux, mais j'hésite à blâmer la conduite de Washington. Je suis peu au courant des coutumes de la guerre, et je voudrais que mon ignorance fût encore plus grande ; mais quel espoir de succès pourraient avoir les Américains s'ils renonçaient, à cet égard, pour l'Angleterre, à tous les principes consacrés par un long usage.

— A quoi bon s'occuper de cela ? dit Sarah avec impatience ; de la part des rebelles, tout acte doit manquer de légalité.

— Les femmes, repartit joyeusement le capitaine, sont des miroirs qui réfléchissent les objets placés devant elles ; dans Frances je reconnais l'image du major Dunwoodie, et dans Sarah, je vois...

— Le colonel Wellmere, interrompit la sœur cadette. J'avoue que je dois au major mes opinions, en grande partie du moins, n'est ce pas, ma tante Jeannette ?

— En effet, la dernière lettre qu'il m'a écrite a de grands rapports avec votre façon de raisonner.

— Je le confesse, et vous, Sarah, avez-vous oublié les discussions approfondies du colonel Wellmere.

Je n'oublierai jamais le droit, dit Sarah.

Rien digne d'être mentionné n'eut lieu pendant le reste du jour.

Dans l'après-midi du lendemain, tandis que la compagnie était rassemblée dans le salon autour de la table où miss Peyton servait le thé, un grand changement se produisit dans le temps qui se remit au beau. Toute la famille gagna aussitôt la terrasse qui donnait du côté du sud. Le paysage était admirable, l'air était calme et embaumé ; il n'y a que sous le climat d'Amérique que d'aussi subites transitions s'opèrent dans la température ; à la tempête du jour succède, à l'improviste, une soirée aussi tranquille et aussi sereine qu'une matinée de juin.

— Quel magnifique et sublime spectacle ! dit Harper à voix basse et absorbé dans la contemplation du soleil couchant dont les reflets rougeâtres éclairaient l'horizon ; puisse le calme succéder aussi promptement à la lutte dans laquelle ma patrie est engagée, et un soir glorieux succéder aux jours de son adversité !

Les rêveuses pensées de la société furent interrompues par l'arrivée du colporteur. Au premier rayon de soleil, il s'était mis en route vers le cottage.

— Un beau soir, dit-il en saluant la compagnie, sans lever les yeux ; il est chaud et agréable pour la saison.

M. Wharton approuva la remarque et s'enquit avec intérêt de la santé du père de Birsch; Harvey garda le silence, mais la question ayant été répétée, il répondit avec un tremblement dans la voix :

— Il s'en va ; l'âge et le chagrin achèvent leur travail.

Le colporteur se détourna; Frances aperçut une larme qui roulait sur les joues du porte-balle, qui acquit ainsi un nouveau titre à l'estime de la jeune fille.

La vallée dans laquelle s'élevait la résidence de M. Wharton allait du nord-ouest au sud-est ; de la maison assise au flanc d'un coteau la vue s'étendait entre les collines, par dessus les bois lointains jusqu'au bras de mer qui sépare les îles du continent américain.

Sur le faîte des petites vagues que soulevait une légère brise du sud-ouest, apparaissaient et disparaissaient tour à tour quelques points noirs remarqués seulement par le colporteur. Celui-ci se rapprocha d'Harper, jeta sur lui un regard plein d'anxiété et dit avec une gravité fort accentuée.

— Les troupes régulières seront bientôt ici.

— Qui est-ce qui vous le fait supposer ? s'empressa de lui demander le capitaine Wharton. Dieu veuille que cela soit vrai. J'aurais grand besoin de leur escorte.

Ces dix baleinières ne vogueraient pas si vite, si leur équipage n'était pas plus nombreux qu'à l'ordinaire.

— Peut-être, s'écria M. Wharton alarmé, sont-ce des Américains revenant des îles ?

— Ce sont des Anglais, dit le colporteur avec assurance.

— Comment distinguez-vous leur nationalité ? On ne peut encore rien voir.

Harvey négligea cette observation, et exécutant un monologue, il continua à voix basse :

— Ils s'étaient mis en marche avant l'ouragan, depuis deux jours ils sont dans les îles ; — la cavalerie s'avance vers le rivage ; bientôt les deux partis seront aux prises.

Tout en parlant, Birsch regardait de temps en temps Harper, qui n'avait pas l'air de partager l'émotion du marchand, et semblait complètement absorbé à examiner avec joie le ciel rasséréné. Toutefois, quand Birsch se tut, Harper se tourna vers son hôte et l'informa que ses affaires l'appelant ailleurs, il allait utiliser, sans plus retarder, cette belle soirée pour franchir les quelques milles qui lui restaient à parcourir.

M. Wharton exprima le regret que lui causait cette détermination, mais il était trop poli pour ne pas se conformer aux désirs de l'aimable convive qu'il allait perdre, et il donna l'ordre de tout préparer pour le départ d'Harper.

L'inquiétude du colporteur allait en croissant, ses yeux étaient sans cesse tournés vers le bas de la vallée, comme si quelque obstacle pouvait surgir de ce côté. A la fin, César parut tenant en bride le noble animal que devait monter le voyageur. Harper prit congé de la société. Il présenta avec une aisance parfaite ses adieux à Sarah et à la tante Peyton ; mais quand il s'arrêta devant Frances, sa figure prit une expression d'extrême bienveillance ; ses yeux répétèrent la bénédiction déjà tombée de ses lèvres. Un mutuel échange de courtoises politesses eut lieu entre M. Wharton et l'étranger ; ce dernier offrit la main au capitaine et lui dit avec une grande solennité :

— La démarche que vous avez faite est pleine de dangers, et il peut en résulter pour vous de désagréables conséquences. Dans ce cas, je pourrais prouver à votre famille ma gratitude pour la bonne hospitalité que j'en ai reçue.

— Surtout, monsieur, s'écria le père à qui les périls courus par son fils faisaient oublier la délicatesse, gardez le silence sur la découverte dont votre séjour dans ma maison vous a mis à même de profiter.

Harper se retourna vivement et maîtrisant sa colère, il répondit avec douceur :

Je n'ai appris dans votre demeure que ce que je savais déjà en y entrant, mais votre fils n'aurait, le cas échéant, qu'à se louer de ce que j'ai été informé de la visite qu'il vous a rendue.

Il présenta ses derniers saluts à ses hôtes, monta à cheval et se dirigea à fond de train vers la colline qui protégeait la vallée du côté nord. Les yeux du colporteur suivirent le cavalier et lorsqu'il eut disparu, Birsch poussa un soupir de satisfaction. La famille Wharton avait médité en silence sur le caractère et la visite de l'inconnu, lorsque le père s'approcha d'Harvey et lui demanda de combien il était son débiteur pour le tabac de New-York. Après quelques pourparlers, M. Wharton remit trois dollars au colporteur ; ce dernier les ayant fait tinter sur les marches de la terrasse, les glissa dans une large bourse de peau de daim qu'il déroba si adroitement à la vue des spectateurs qu'aucun d'eux n'aurait pu préciser dans quelle partie de ses vêtements elle était cachée.

Ce point matériel étant réglé à sa complète satisfaction, Birsch dit brusquement au fils de la maison :

— Capitaine Wharton, partez-vous ce soir ?

— Non, M. Birsch, répondit l'officier aux bras duquel étaient suspendues Frances et Sarah, voudriez-vous que je me prive aussi vite d'une aussi aimable compagnie dont peut-être je jouis pour la dernière fois ?

Harvey insista, parla du malheureux sort du major André, des écorcheurs, rien ne put décider le jeune homme à partir.

— La passe que je vous ai donnée, ajouta Birsch, n'est valable que pour une fois.

Ne pouvez-vous en fabriquer une autre ?

Les joues pâles du colporteur se colorèrent d'une rougeur inusitée, mais il garda le silence et tint les yeux baissés vers la terre, tandis que le capitaine répondit d'un ton tout-à-fait résolu :

— Je resterai encore la nuit ici.

Capitaine Wharton, répondit Harvey avec un air très-sérieux, méfiez-vous d'un grand Virginien avec des favoris énormes. Il n'est pas, sans doute, loin de ces lieux et il vous serait difficile de le tromper ; pour moi, je ne l'ai pu que dans une occasion.

— Qu'il se méfie de moi, dit Wharton en ricanant ; au reste, M. Birsch, je vous dégage pour l'avenir de toute responsabilité.

— Voudriez-vous m'en donner acte par écrit ?

— Oh ! bien volontiers.

Le capitaine se fit apporter par César une plume, de l'encre, du papier et écrivit une décharge pour son fidèle serviteur Harvey.

Birsch, marchand ambulant, etc., etc.

Le colporteur serra le papier avec ses dollars, et s'éloigna ; un instant après, on le vit ouvrir la porte de son modeste logis.

Le père et les sœurs du capitaine étaient trop contents de le garder aux Sauterelles pour conserver longtemps des craintes au sujet de sa position ; cependant, après le souper, le capitaine avait changé d'avis et envoyé César prévenir Harvey; mais celui-ci, dit Catherine, avait quitté sa demeure à la chute du jour, et, avec son paquet sur le dos, avait pris la route du nord. En apprenant cette réponse, le capitaine ajourna toute décision jusqu'au lendemain, et la soirée se termina par des réflexions diverses que chaque membre de la famille se permit sur le compte d'Harvey. Inutile de les rapporter ici.

Le lendemain matin, de bonne heure, la famille Wharton était réunie pour le déjeûner. Henry causait gaîment avec ses sœurs ; tout-à-coup César, qui, aux aguets devant une croisée, interrogeait l'horizon, devint d'une couleur assez semblable à la pâleur d'un homme blanc.

— Fuyez, monsieur Henry, s'écria-t-il, fuyez si vous aimez le vieux César ; la cavalerie rebelle est là !

— Fuir ! répondit l'officier anglais en se cambrant avec une fierté martiale ; non, monsieur César, cela n'est pas dans mes habitudes.

Ce disant, le capitaine s'approcha résolument de la fenêtre auprès de laquelle M. Wharton et ses filles s'étaient rangés en proie à la plus grande consternation.

A une distance d'un peu plus d'un mille, on distinguait environ cinquante dragons qui s'avançaient dans la vallée. A leur tête était un officier, homme du pays, qui les guidait dans la direction du cottage.

Un détachement s'avança rapidement de ce côté. Arrivé devant l'habitation de Birsch, qui fut aussitôt cernée par une douzaine de sentinelles, quelques dragons ayant mis pied à terre disparurent et revinrent bientôt suivis par Catherine qui gesticulait avec violence. Après un court entretien avec la servante, l'avant-garde rejoignit le gros de la troupe, qui s'élança au grand trot vers les *Sauterelles*.

Personne de la famille n'avait encore eu la présence d'esprit de pourvoir à la sécurité du capitaine Wharton, mais le danger devenant pressant, il n'y avait plus un instant à perdre.

On proposa au jeune homme divers moyens de se dérober à l'ennemi, mais il les repoussa tous comme indignes de son caractère. Il était trop tard pour se retirer dans les bois voisins, tenter pareille entreprise c'était courir le risque d'être aperçu et pris par les cavaliers virginiens. A la fin, les sœurs procédèrent d'une main tremblante au déguisement de leur frère, qui remit les habits d'emprunt que César, en prévision de nouveaux périls, avait soigneusement mis à part.

Cette singulière toilette était à peine achevée, lorsque les dragons envahirent le verger des Sauterelles et environnèrent la demeure.

Le chef de la troupe, escorté de quelques-uns de ses hommes, frappa à la grande porte ; César l'ouvrit avec une lenteur qui témoignait de sa répugnance.

Un homme à la stature colossale, aux épaules carrées et annonçant une force extraordinaire, entra dans le salon et salua la famille avec une douce courtoisie qui contrastait avec ses dehors un peu rudes. La chevelure noire, poudrée à la mode du temps, tombait en boucles épaisses le long de ses tempes ; sa figure disparaissait presque sous de gigantesques favoris ; ses yeux perçants n'annonçaient pas une expression menaçante, et sa forte voix n'avait rien de désagréable. Frances se hasarda à jeter sur le nouveau venu un regard timide, et reconnut l'homme dont Harvey Birsch avait recommandé de se méfier.

L'officier américain déclara que sa mission n'avait rien d'alarmant et se bornerait à quelques questions. Il demanda à M. Wharton s'il avait reçu quelqu'un pendant l'orage. Le propriétaire répondit affirmativement en indiquant son fils.

— N'avez-vous point admis chez vous, ces jours derniers, un certain M. Harper ?

— M. Harper ! oui, j'oubliais de vous le déclarer ; mais il est parti ; d'ailleurs il m'est totalement inconnu ?

— Vous n'avez rien à redouter de son caractère, répliqua sèchement le dragon ; mais comment est-il venu et où est-il allé ?

— Il est parti comme il est arrivé, à cheval, et il s'est dirigé hier au soir vers le nord.

L'officier écouta avec intérêt, et son visage reflétait le contentement intérieur ; aussitôt que son interlocuteur eut achevé sa réponse laconique, il quitta l'appartement pour aller donner des ordres à ses soldats.

A son retour, le militaire, prenant un air narquois, plaisanta Henry sur son étrange costume ; celui-ci, sur l'invitation de l'observateur pénétrant, quitta sa perruque et arracha l'emplâtre qui enlaidissait sa joue.

Le dragon le regarda avec jovialité, et dit :

— J'ai maintenant affaire à un personnage tout à fait nouveau. Vous n'ignorez pas qu'il est d'usage que deux inconnus soient présentés l'un à l'autre ; pour mon compte, je suis le capitaine Lawton, de la cavalerie virginienne.

— Et moi, repartit Henry avec dignité, M. Wharton, capitaine au 60° régiment d'infanterie de Sa Majesté Britannique.

A ces mots, la contenance de Lawton changea subitement, et sa bonne humeur s'évanouit. Il lança sur le jeune homme un regard sympathique.

— Capitaine Wharton, je vous plains de toute mon âme.

— Alors, s'écria le père d'une voix suppliante, pourquoi nous feriez-vous de la peine? Ce n'est pas un espion; le désir seul de voir ses parents l'a poussé à s'éloigner de l'armée régulière, sous ce travestissement. Laissez-le avec nous; je paierai la rançon que vous voudrez.

— Monsieur, dit Lawton, froissé par cette dernière insinuation, vos angoisses excusent votre langage, mais vous oubliez que je suis un Virginien et un honnête homme. Capitaine Wharton, ignoriez-vous que nos avant-postes étaient par ici depuis quelques jours?

— Je n'ai connu leur présence que lorsque je les ai rencontrés; il était trop tard pour reculer. Je croyais, quand je me suis mis en route dans le but indiqué par mon père, que vos régiments étaient à Peckskill, et près des montagnes; si j'avais su le contraire, je ne me serais certainement pas aventuré.

— Tout cela peut être très vrai, dit Lawton, mais l'affaire d'André nous a donné l'éveil. Lorsque la trahison se cache sous l'uniforme des officiers généraux eux-mêmes, capitaine Wharton, cela impose aux amis de la liberté le devoir d'être vigilants.

A cette remarque, Henry s'inclina en silence, mais Sarah essaya d'intercéder en faveur de son frère. Le dragon l'écouta avec une politesse où perçait la commisération, et pour faire cesser ces instances aussi vaines qu'embarrassantes :

— Je ne suis pas, dit-il, le commandant de ce détachement; le major Dunwoodie verra, madame, ce qu'il peut faire pour votre frère; dans tous les cas, il le traitera avec générosité et convenance

— Dunwoodie ! s'écria Sarah joyeusement ; oh ! Dieu soit loué ! Henry est sauvé !

Lawton lança à la jeune fille un regard plein de bienveillant étonnement, et, secouant la tête, il ajouta :

— Je le désire, et avec votre permission nous le laisserons maître de sa décision. Au reste, le major ne tardera pas à venir ; en attendant, je prendrai la liberté de vous demander pour mes hommes quelques rafraîchissements.

Cette requête n'accommodait guère M. Wharton, mais, forcé de faire contre fortune bon cœur, il donna des ordres dans ce sens.

Les officiers, après avoir pris au dehors toutes les dispositions nécessaires, se rendirent à l'invitation qui leur fut faite et vinrent prendre place au déjeuner de famille.

Durant le repas, le capitaine Lawton, qui avait fait grand honneur au pain de seigle, excellent aux *Sauterelles*, interrogea son hôte au sujet de Harvey Birsch qui, sans doute, devait parfois lui rendre visite.

— Il vient rarement, répondit M. Wharton, qui pesait ses propos ; je puis même dire que je ne le vois jamais.

— C'est surprenant, dit le chef de troupe en considérant fixement le propriétaire déconcerté ; en sa qualité de proche voisin, il pourrait vous servir ; cela doit être préjudiciable à vos demoiselles, car cette mousseline étendue sur cette chaise vous a, j'en suis sûr, coûté deux fois plus qu'il ne vous l'aurait vendue. Je voudrais guérir ce M. Birsch de ses habitudes peu civilisées, et je lui ai rendu visite ce matin même. Je n'ai pas eu l'avantage de le rencontrer, sans cela je l'aurais mis dans une société qui lui aurait plu.

— Où donc, monsieur, demanda M. Wharton, comprenant la nécessité de ne pas rester bouche close.

— En prison.

— De quelle faute s'est donc rendu coupable ce pauvre Birsch ?

interrompit miss Peyton en versant au dragon une tasse de café : c'était la quatrième.

— Pauvre lui ! En ce cas John Bull récompenserait bien mal ses services !

— Oui, dit l'un des officiers subalternes, le roi Georges lui doit un trésor !

— Et le Congrès, une potence, s'écria Lawton en reprenant quelques petits gâteaux.

— Je suis fâché qu'un de mes voisins encoure le déplaisir de nos chefs.

— Si je l'attrape, je le ferai danser aux branches d'un de ses arbres, et ce sera avant que je passe major.

M. Wharton jugea prudent de changer de conversation.

Le motif de la haine de Lawton contre le colporteur provenait du fait suivant :

Un an auparavant, tandis qu'on préparait une importante expédition, Birsch avait été aperçu rôdant autour du quartier général du commandant en chef des armées de l'indépendance. Le capitaine virginien, étant parvenu à s'en emparer, l'enferma dans une ferme sous la garde de deux sentinelles. Une femme, occupée aux soins du ménage, semblait préparer avec attention le dîner du capitaine ; les factionnaires ne conçurent aucun soupçon. Le soir, on ne retrouva plus ni femme, ni colporteur.

Lawton n'était pas homme à oublier une semblable déception, et l'aversion patriotique qu'il avait pour un serviteur des Anglais redoubla d'une rancune personnelle. Voilà pourquoi le souvenir de Birsch le rendit sombre et inquiet. Tout-à-coup, les sons du clairon, retentissant dans la vallée, parvinrent aux oreilles des convives. Le capitaine, se levant aussitôt de table, s'écria :

— En selle, messieurs, vite en selle ; voici venir Dunwoodie.

Un instant après, le détachement avait rejoint le corps principal de l'armée.

Lawton, toujours prudent, s'était d'abord tenu sur ses gardes, car la ressemblance du langage, des manières et du costume rendaient une méprise très-facile.

Les arrivants participèrent aux rafraîchissements servis aux premiers occupants, et le terrain qui faisait face à l'habitation fut de nouveau occupé par la cavalerie américaine.

Le major Dunwoodie, encore troublé par les nouvelles qu'il venait d'apprendre, eut besoin de toute son énergie pour surmonter ses émotions en entrant dans le salon. Le regret de contribuer, quoique involontairement, à l'arrestation de son ami, le danger que courait le capitaine Wharton, chargeaient de tristesse le cœur de l'officier américain. Il fut reçu avec cordialité par toute la famille, et Henry lui rendit un salut gracieux où ne perçait pas la moindre inquiétude.

Après avoir renvoyé la sentinelle que Lawton, dans sa prudence, avait attaché au service du prisonnier, Dunwoodie se tourna vers le capitaine, et d'un ton à la fois ferme et bienveillant, lui posa cette question :

— Dites-moi, Henry, pourquoi vous étiez ainsi déguisé quand Lawton est arrivé, et rappelez-vous que vos réponses sont entièrement libres.

— J'ai employé ce travestissement, major Dunwoodie, répondit l'officier anglais avec gravité, pour pouvoir rendre visite à mes parents sans courir le risque d'être fait prisonnier de guerre.

— Mais vous n'en étiez pas vêtu avant l'arrivée des dragons de Lawton ?

— Oh ! non, interrompit vivement Frances, oubliant ses inquiétudes pour songer au salut de son frère ; Sarah et moi l'en avons affublé à la venue des soldats, et c'est notre maladresse qui a tout fait découvrir.

Dunwoodie regarda avec tendresse la jeune fille, et quand elle eut achevé son observation, il ajouta :

— Probablement ces effets vous appartenaient et vous les aviez sous la main au moment d'exécuter votre projet.

— Non, dit Wharton avec dignité, j'avais apporté exprès ces habits de la ville et j'avais l'intention de m'en servir pour rentrer aujourd'hui dans New-York.

Frances était émue, et Dunwoodie pâle et agité.

— Mais nos avant-postes qui sont dans la plaine.

— Je les ai traversés, grâce à mon déguisement. J'ai aussi fait usage de cette passe qui m'a été vendue et que je crois fausse, puisqu'elle porte le nom de Washington.

Le major prit vivement le papier et se livra en silence à un minutieux examen de la signature ; en ce moment, le soldat dominait l'homme.

— Capitaine Wharton, comment avez-vous pu vous procurer ce papier ?

— Voilà une question que vous n'avez pas le droit de me poser.

— Excusez-moi ; j'ai poussé trop loin mes interrogations, j'ai exagéré mes devoirs.

M. Wharton, qui jusque-là avait été un auditeur muet, s'enhardit jusqu'à faire observer que cet acte était dépourvu de gravité et qu'on employait tous les jours de pareils artifices en temps de guerre.

— Cette signature n'est pas fausse, murmura le major ; y a-t-il donc encore quelque trahison ignorée qui couve parmi nous ? La confiance de Washington a été surprise, car le nom supposé est écrit par une autre main que le reste du sauf-conduit. Capitaine Wharton, mes instructions ne me permettent pas, vu le cas qui se présente, de vous laisser libre sur parole ; il faudra que vous m'accompagniez au quartier général.

— Je le présumais, répondit l'officier anglais en adressant à son père quelques mots à voix basse.

Dunwoodie quitta l'appartement sous un futile prétexte, mais Frances le suivit, et une explication animée eut lieu entre les deux jeunes gens.

Frances, les mains jointes, l'air suppliant, s'adressa en ces termes au major :

— Dunwoodie, je ne vous ai pas caché l'estime que je ressentais pour vous ; même maintenant que vous me comblez d'affliction, je vous en renouvelle l'expression. Croyez-moi, Henry est innocent de tout, si ce n'est d'une imprudence. Notre pays ne souffrira pas de sa démarche.

Ici la demoiselle s'arrêta un instant, puis elle reprit en rougissant :

— Je vous avais promis de devenir votre femme quand la paix serait rétablie ; accordez à mon frère la liberté sur parole, et je vous suivrai à l'autel, aujourd'hui même ; je partagerai votre vie de soldat, les fatigues et les privations des camps.

— Frances, n'en dites pas davantage, je vous en conjure, à moins que vous ne veuilliez me briser le cœur !

— Vous rejetez l'offre de ma main, s'écria Frances offensée dans son amour-propre; elle se leva avec dignité, et sur son visage on pouvait lire le trouble intérieur de son âme.

— La rejeter! est-ce que je ne l'ai pas chaleureusement sollicitée comme le plus cher de mes désirs? Mais je ne l'accepterai pas, s'il faut souscrire à des conditions qui seraient notre déshonneur à tous deux. Espérons encore. Henry sera acquitté, peut-être même sans jugement; je le défendrai de toutes mes forces devant la justice. Vous connaissez mon dévouement, et vous n'ignorez pas que je jouis d'une certaine faveur auprès de Washington.

— Mais cette signature, cet abus de confiance auxquels vous avez fait allusion l'indisposeront contre mon frère. Si les supplications pouvaient désarmer votre chef, André aurait-il été condamné?

Sur ces mots, Frances quitta la chambre. Dunwoodie resta quelques minutes stupéfait; il balbutia quelques consolations et tenta en même temps d'excuser sa manière d'agir.

En passant dans l'autre pièce attenante au salon, il rencontra un petit garçon en haillons qui regarda un instant son uniforme, lui remit un chiffon de papier sans rien dire et se sauva aussitôt. Dunwoodie chercha à déchiffrer ce singulier message rédigé sur un morceau de papier sale et déchiré. Il parvint à deviner plutôt qu'à lire ce qui suit:

« Les troupes anglaises sont tout près, cavaliers et fantassins. »

Dunwoodie frémit, et oubliant tout pour ses devoirs de soldat, il quitta précipitamment la maison. Tandis qu'il était en route pour rejoindre ses troupes, il remarqua sur une colline une vedette courant ventre-à-terre; il entendit des coups de pistolets tirés successivement, et les trompettes de l'indépendance ne tardèrent pas à sonner l'alerte. Lorsque le major arriva, chacun était à son poste, prêt à marcher, et Lawton, presque droit sur sa selle, regardait attentivement l'extrémité opposée de la vallée; le capitaine, d'une voix presque aussi sonore que les fanfares, criait aux musiciens:

« Sonnez, mes enfants, et que les Anglais apprennent que la cavalerie de Virginie est entre eux et le but de leur expédition. »

Les vedettes et les patrouilles se replièrent sur le quartier général, et chacun fit son rapport au commandant, qui donna ses ordres d'un ton froid et absolu. Une fois seulement, en passant devant le front de ses troupes, Dunwoodie sentit son cœur battre avec précipitation ; en regardant dans la direction des Sauterelles, ses yeux avaient aperçu une femme en pleurs et les mains jointes appuyées contre une des fenêtres de l'appartement où il avait laissé Frances. La distance était trop grande pour permettre de distinguer les traits, mais l'officier ne douta pas que ce ne fût celle qu'il aimait.

Le major fut ranimé par cette vision, et ses dragons qui étudiaient sa figure, comme le meilleur indice de leur destin, remarquèrent ce feu du regard et cette coloration du teint que leur chef possédait si souvent à l'approche de la bataille. Par l'addition des vedettes et des détachements qui avaient rallié le gros de la troupe, le petit escadron s'élevait à près de deux cents cavaliers. Il y avait aussi quelques guides à pied qui, dans les cas d'urgence, faisaient fonctions de fantassins.

Dunwoodie les envoya au-devant pour abattre les haies et obstacles qui auraient pu gêner les mouvements de la cavalerie. L'état négligé de l'agriculture, depuis l'ouverture des hostilités, rendait cette tâche difficile. On ne connaissait pas à cette époque ces bons et solides murs qui ceignent aujourd'hui les domaines de la contrée.

Quelques pierres étaient entassées l'une sur l'autre plutôt pour dégager la terre arable que pour servir de barrières ou de limites permanentes, et il fallait de la part des propriétaires une attention constante pour préserver leur bien contre la fureur des tempêtes et les froids de l'hiver. Le cottage de M. Wharton seul était en progrès sur ceux de ses voisins, et les éclaireurs n'eurent pas grand peine à préparer la route à la cavalerie, à trouver les quelques ruines qui marquaient les enclos divers de la vallée.

Le major Dunwoodie avait reçu tous les renseignements suffisants pour prendre ses arrangements. Le fond de la vallée était une plaine qui par une pente douce arrivait du pied des montagnes à une prairie naturelle arrosée et fertilisée par un faible ruisseau sur lequel était jeté un pont en bois, à une distance d'un demi-mille en amont des Sauterelles.

Les collines du côté occidental de la vallée étaient à pic et quelques-unes de leurs dentelures surplombant la vallée en diminuait la largeur.

Un de ces rochers se trouvait tout près de l'arrière-garde des dragons, et le major y embusqua Lawton avec quatre-vingts hommes.

Celui-ci obéit avec répugnance, mais non sans songer avec un plaisir anticipé à l'effet que sa brusque apparition produirait sur l'ennemi.

Dunwoodie connaissait son homme et l'avait choisi pour ce service, parce qu'il redoutait sa précipitation, et qu'il était sûr que ce renfort surgirait, le moment venu.

C'était seulement en face de l'ennemi que le capitaine Lawton était audacieux ; en tout autre occasion, il gardait son discernement et son plein sang-froid ; au feu, toutes ces qualités faisaient place à une fougue irréfléchie. A gauche du terrain sur lequel Dunwoodie avait résolu d'attaquer les Anglais, était un bois épais qui couvrait un mille de la vallée. Il y abrita ses guides et les disposa de telle façon qu'ils pourraient faire une fusillade des plus meurtrières sur la colonne ennemie quand elle déboucherait.

On disait que tous ces préparatifs portaient dans l'âme des habitants des Sauterelles toute l'agitation imaginable.

M. Wharthon, surtout, songeait avec tristesse que l'issue du combat, quelle qu'elle fût, lui serait préjudiciable. Si les Anglais étaient vainqueurs, son fils serait libre ; mais quel serait à lui son sort personnel ? Il avait jusque-là observé la plus stricte neutralité. Le fait de compter un fils dans l'armée royale, ou, comme on disait alors, *régulière*, avait presque motivé la confiscation de ses biens.

Il n'avait évité cette perte que grâce à ses hautes relations et à son excessive prudence.

Dévoué du fond du cœur à l'Angleterre, il avait approuvé la future union de Frances avec un rebelle, plutôt par la nécessité de se ménager un pied dans le camp américain, que pour condescendre aux désirs de sa fille.

Il allait donc être perdu dans l'esprit public, malgré tant de ménagements, et passer lui et son fils pour avoir travaillé contre l'indépendance de leur patrie. L'autre hypothèse était encore moins favorable. La victoire des Américains entraînait la mise en jugement d'Henry Wharton. Or, si M. Wharton tenait à ses biens, il aimait mieux ses enfants : et il regardait les mouvements précurseurs de la bataille, dans une attitude qui peignait l'indécision et la faiblesse de son caractère.

Tout différents étaient les sentiments du jeune homme. Le capitaine, gardé à vue par deux dragons, l'un placé dans le salon et l'autre devant la maison, contemplait les dispositions de Dunwoodie avec admiration pour l'habileté de son ami, mais aussi avec de douloureuses appréhensions pour ses frères d'armes contre qui ces manœuvres étaient dirigées.

Il redoutait surtout l'embuscade commandée par Lawton, qui avait mis pied à terre pour calmer son impatience et se promenait devant ses soldats. Le jeune homme jeta autour de lui des regards pour voir si aucun moyen d'évasion ne s'offrait, mais il rencontra braqués sur lui les yeux de la sentinelle, vigilante comme un Argus. Force lui fut, malgré l'envie qu'il avait de prendre part à l'engagement, d'en demeurer simple spectateur. Miss Peyton et Sarah continuèrent à regarder ces apprêts avec des émotions diverses, dont la plus poignante était un sentiment d'affectueuse sollicitude pour Henry, jusqu'au moment où, pour ne pas voir couler le sang, elles se retirèrent avec la timidité de leur sexe dans une des chambres de derrière.

Frances n'agit pas de même ; elle retourna dans l'appartement où elle avait, quelques heures auparavant, quitté Dunwoodie et se mit à la croisée. Elle ne remarqua guère les mouvements des troupes ; ses yeux étaient concentrés sur un seul objet. Le sang reflua vers son cœur lorsqu'elle vit le jeune guerrier parcourir à cheval des rangs des troupes qu'il animait du geste et de la voix ; mais une horrible crainte succéda à cette admiration, lorsque la jeune fille songea qu'entre ce gracieux et courageux officier et elle, pouvait en quelques minutes s'élever la borne séparatrice du tombeau.

Dans un champ voisin, à gauche du cottage, tout près de l'arrière-garde des troupes, était un groupe dont les occupations semblait différer de celles de l'armée. Il était composé de trois hommes, dont deux blancs et un mulâtre. Le principal personnage était d'une maigreur qui le faisait paraître extrêmement grand. Il avait des lunettes, était sans armes, et partageait son attention entre un cigaro, un livre et ce qui se passait dans la plaine.

VII

Les soldats américains avaient déjà fait souvent leurs preuves, et ils étaient désireux de se mesurer une fois de plus contre l'ennemi qu'ils n'avaient jamais chargé en vain. Ils furent vite satisfaits, car leur commandant avait à peine eu le temps de remonter sur sa selle qu'un corps anglais tournait la base de la colline qui obstruait la vue du côté du sud.

En quelques minutes, le major reconnut ses adversaires. C'étaient des Vachers aux vestes vertes et des Hessois aux casques de cuir et aux selles de bois. Leur nombre était à peu près aussi considérable que celui des dragons.

En approchant de la maison d'Harvey Birsch, l'ennemi fit halte.

se mit en ligne et fit ostensiblement les préparatifs de bataille. A ce moment, une colonne de fantassins déboucha dans la vallée et se hâta de traverser le ruisseau dont nous avons déjà parlé.

Le major Dunwoodie n'était pas moins distingué par son sang-froid et sa prudence, que, l'occasion venue, par sa grande intrépidité. En un clin-d'œil, il jugea des avantages de la position et résolut d'en profiter. Il opéra un mouvement de retraite, et le jeune Allemand, qui commandait la cavalerie ennemie, craignant de perdre une victoire facile, donna l'ordre de charger. Les Vachers, enhardis par l'appui que pouvait leur prêter l'infanterie, se jetèrent, tête baissée, contre les soldats de l'indépendance, qui reculaient; les Hessois les suivirent avec plus de lenteur, mais en meilleur ordre. Les trompettes des Virginiens retentirent alors et celles de l'embuscade leur répondirent. La colonne de Dunwoodie se retourna subitement, tandis que les dragons de Lawton, prenant l'ennemi en flanc, sortirent du lieu où ils étaient cachés. A leur tête, le capitaine brandissait son sabre d'une façon terrible, et sa voix couvrait les fanfares de la musique militaire.

La charge fut terrible. Les Vachers s'enfuirent dans toute les directions; quelques-uns seulement furent blessés; le plus grand nombre durent leur salut à la rapidité de leurs chevaux, les meilleurs du West-Chester. Ceux qui tombèrent sous la main de leurs compatriotes furent tués sur le coup. Les pauvres soldats du roi de Hesse furent les plus maltraités. Esclaves de la plus stricte discipline, ils soutinrent bravement l'attaque, mais comme la paille est chassée par le vent, ainsi ils furent culbutés par les chevaux robustes et les bras nerveux de leurs antagonistes. Beaucoup furent littéralement broyés. La proximité de l'infanterie s'opposa à la poursuite des Hessois et quelques-uns de ceux-ci cherchèrent un refuge dans les rangs des fantassins.

Une pareille scène se passant tout près des Sauterelles, ne pouvait qu'exciter le vif intérêt des habitants du cottage. De la cuisine au salon tous les cœurs étaient émus. La crainte avait empêché les dames d'assister à cet horrible spectacle, mais elles n'y avaient pas moins pris part de loin. Frances adressait au ciel d'ardentes et incohérentes prières pour le salut de ses compatriotes, qui dans son cœur se personnifiaient dans la gracieuse image de Dunwoodie. Sa tante et sa sœur étaient moins exclusives dans leur dévotion.

Les habitants de la cuisine de M. Wharton étaient au nombre de quatre, César et son épouse, leur fille, une gentille enfant de vingt ans, et le petit garçon que nous avons vu conduisant M. Harper à sa chambre à coucher. Les noirs étaient les rejetons d'une race de nègres qui avaient appartenu à un des premiers colons hollandais, ancêtre maternel de M. Wharton. Le temps, l'inconduite et la mort les avaient réduits à ce petit nombre, et le jeune garçon, qui était un blanc, avait été placé dans la maison par miss Peyton, au titre supplémentaire de valet de pied. César, après avoir pris la précaution de se placer à l'abri créé par l'angle d'un mur contre les balles égarées, contemplait volontiers l'escarmouche. La sentinelle postée devant la façade était à quelques pas de là et suivait cette chasse humaine avec toute l'ardeur d'un limier exercé ; il observait avec un sourire de mépris les prudentes précautions du nègre, et pour lui présentait bravement sa poitrine au danger.

— Monsieur le bleu, lui dit-il, vous paraissez bien soigneux de votre belle personne.

— J'estime que les balles frappent un noir tout aussi bien qu'un blanc.

— C'est là une simple supposition, Boule de Neige. Si nous vérifions son exactitude.

En répondant ainsi, le dragon tira résolument un pistolet de sa ceinture et le braqua sur le noir. Les dents de César s'entrechoquèrent, bien qu'il pensât que la menace de la sentinelle n'était pas sérieuse. C'était le moment où la colonne de Dunwoodie opérait une retraite simulée et où la cavalerie royale commençait la charge.

— Monsieur le cavalier, ricana César qui crut que les Américains étaient réellement battus, pourquoi vos rebelles s'en vont-ils ? Voyez donc, comme les hommes du roi Georges mènent votre major Dunwoodie ! Un gentleman, c'est vrai, cependant, mais il n'est pas de force à lutter contre l'armée régulière.

— Qu'elle soit damnée votre armée régulière ? s'écria fièrement la sentinelle; attendez une minute, mauvais nègre, et vous verrez le capitaine Jacques Lawton sortir de derrière la colline et chasser ces Vachers comme des ours.

César supposait que Lawton et son détachement s'étaient placés derrière la colline pour le même motif qui l'engageait à se blottir derrière le mur; mais le dragon avait dit juste, et le noir assista avec tristesse à la déroute de la cavalerie royale.

La sentinelle manifesta la joie que lui causait ce succès par des cris de satisfaction.

En les entendant, le camarade qui gardait Henry Wharton se mit à la fenêtre.

— Vois, Tom, vois, cria le premier, comme le capitaine Lawton abat ce casque de Hessois. Hélas, le major a tué le cheval de l'officier.

Pourquoi ne pas avoir épargné le cheval et fait périr l'Allemand ?

Quelques coups de pistolets furent tirés sur les Vachers en fuite et brisa un carreau à quelques pas de César.

Imitant la posture du grand tentateur de notre race, le nègre rampa jusque dans l'intérieur de l'habitation et monta immédiatement au salon.

La petite prairie située en face des Sauterelles était bordée du côté de la route par des buissons auxquels étaient attachés les chevaux tout équipés des deux dragons.

Deux Vachers, séparés du gros de leur troupe et profitant de ce qu'on ne les poursuivait pas, voulurent faire encore une bonne prise et, sans se préoccuper de leurs ennemis, se mirent à détacher leurs montures. L'une des sentinelles apercevant les rampeurs, déchargea sur eux ses pistolets et les chargea le sabre à la main.

L'entrée de César dans le salon avait fait redoubler de vigilance le gardien d'Henry Wharton, mais, au bruit de la détonation, il courut de nouveau à la fenêtre en grommelant de furieuses imprécations, pour en imposer aux maraudeurs. Le moment était unique à saisir. Trois cents soldats anglais se trouvaient à un mille du cottage ; des chevaux sans cavaliers erraient en tous sens ; Henry Wharton saisit par les jambes la sentinelle et la jeta, la tête la première, sur la pelouse, tandis que César allait barricader la porte d'en bas.

La chute du soldat ne fut pas grave et il se remit sur ses pieds, furieux contre son prisonnier, mais escalader la croisée était impossible et il était peu aisé de passer par la porte barrée. Son camarade l'appelant à son secours, le troupier oubliant sa confusion et ce qui la motivait, se rendit à cet appel, tandis que les dragons disputaient aux Vachers la possession d'un cheval que ceux-ci avaient déjà attaché à l'une de leurs selles. César, profitant des quelques minutes où la lutte se prolongeait derrière la maison, avisa l'autre coursier qui paissait en liberté et s'écria :

— Fuyez, maintenant, M. Henry, fuyez.

— Oui, répondit le jeune homme en sautant en selle, oui, mon cher ami, il est temps de fuir.

Il salua son père qui, les bras étendus, semblait bénir son enfant, et il ajouta en prenant le galop : « Dieu vous récompense, César, et dites adieu pour moi à mes sœurs. »

Le noir suivit avec un regard anxieux son jeune maître jusqu'à ce qu'il eût gagné la route de la montagne, et le vit tourner à droite et disparaître bientôt rapidement derrière les rochers. Cécar, ravi, ferma la maison en poussant tous les verrous, l'un après l'autre, et en se disant à lui-même : « Comme mon élève est bon cavalier! »

Quand la fortune du jour fut décidée et qu'on s'occupât du soin d'enterrer les morts, deux Vachers et un Virginien furent trouvés derrière la maison et grossirent la liste funèbre.

L'officier anglais sentait déjà son cœur battre tumultueusement du plaisir de la délivrance, quand une voix bien connue frappa ses oreilles en prononçant ces mots :

— Bravo, capitaine, n'épargnez pas la cravache, et tournez sur votre gauche avant de franchir le ruisseau.

Celui à qui s'adressait ces paroles se retourna vivement, et vit avec surprise Harvey Birch assis sur le haut d'un rocher qui dominait toute la vallée. La balle du colporteur paraissait bien diminuée, et le marchand agitait son mouchoir en signe d'encouragement.

Henry suivit le conseil de cet être mystérieux, et s'engagea dans le sentier qui conduisait au pont, séparant la vallée. Quelques minutes plus tard, il avait rejoint sa vieille connaissance, le colonel Welmere.

— Le capitaine Wharton, s'écria le commandant des troupes royales, au comble de la surprise, le capitaine Wharton habillé de bleu, et monté sur un cheval américain ?

— D'où venez-vous, mon cher, et pourquoi ce costume ?

— Dieu merci, répondit le jeune homme, en reprenant haleine, me voilà sain et sauf, hors des mains de l'ennemi ; il n'y a pas cinq minutes que j'étais captif et que j'avais la potence pour perspective.

— La potence ! Ces traîtres à leur roi auraient-ils dû commettre encore un meurtre, de sang froid ; cela ne leur suffit donc pas d'avoir tué André ! Pourquoi vous menaçaient-ils d'un semblable sort ?

— Sous le prétexte d'une pareille affaire, dit le capitaine en expliquant ses aventures; la manière dont il avait été pris et dont il avait échappé.

— Recevez mes sincères félicitations, mon brave ami ; la pitié n'est pas connue de ces rebelles, et vous devez vous regarder comme doublement heureux de leur avoir ainsi glissé entre les doigts. Préparez-vous à nous seconder et je vous fournirai bientôt l'occasion d'une revanche digne de vous.

— Colonel Welmere, je ne courais pas le risque d'être injurié par les soldats du major Dunwoodie, car le caractère honorable de ce chef le met au-dessus de tout pareil soupçon ; au reste, j'estime qu'il n'est pas prudent de passer ce ruisseau à découvert et à la face des cavaliers virginiens, qu'anime le succès qu'ils ont remporté tout-à-l'heure.

— Pensez-vous qu'ils puissent s'enorgueillir de leur avantage sur les lourds Hessois, et les partisans indisciplinés ? Vous parlez de cette affaire comme si votre vaillant Dunwoodie, qui se dit major, avait battu les gardes du corps de votre roi !

— Permettez-moi de dire, colonel Welmere, que si les gardes du corps de mon roi étaient où nous sommes, ils auraient devant eux de redoutables adversaires. Mon fameux Dunwoodie est l'orgueil de l'armée de Washington, comme officier de cavalerie !

— Dunwoodie ! Dunwoodie ! répéta le colonel avec affectation, j'ai déjà rencontré quelque part ce mossieu-là.

— Je vous ai vus ensemble à New-Yorck, dans la maison qu'habitaient mes sœurs, repartit le jeune homme, de son plus malin sourire.

— Ah ! je m'en souviens ! Comment le très-puissant Congrès de ces colonies rebelles confie-t-il ses soldats à un pareil supérieur ?

— Demandez au commandant de vos Hessois, s'il juge le major Dunwoodie digne de cette mission, dit Henri, qui voyait, dans un moment si inopportun, ravaler le mérite de son ami que les hasards de la guerre avaient placé dans l'autre camp.

Le colonel Welmere avait longtemps servi en Amérique, sans jamais avoir eu à lutter contre d'autres troupes que quelques recrues, fraîchement levées sur la milice du pays, qui prenaient la fuite sans tirer un coup de fusil. S'appuyant trop sur ce fait, il pensait qu'il était impossible aux ennemis de lutter contre un régiment au pas si régulier, aux guêtres si propres, et aux mouvements si pleins de précision. Sans relever les propos du capitaine Warthon, le colonel répondit d'un ton railleur :

— Vous ne voudrez-pas, monsieur, que nous nous retirions sans avoir tenté d'enlever à ces vaillants Virginiens une partie de la gloire que, prétendez-vous, ils ont acquise.

— Je vous préviendrai du danger auquel nous courons.

— Danger est un mot qu'un soldat ne doit pas comprendre.

— Et le 60me régiment ne le redoute pas plus que tout autre corps de notre armée, s'écria Henri avec fierté ; donnez vos ordres pour la charge, et alors mes actes tiendront lieu de paroles.

— Maintenant je vous reconnais, mon jeune ami ! dit Welmere en radoucissant sa voix ; mais si avant la lutte, vous avez quelques avis utiles à donner sur la direction à prendre, nous vous écouterons. Puisque vous connaissez la force des insurgés, pensez-vous qu'il y en ait encore en embuscade.

— Oui, répondit le jeune homme, sur le bord du bois, à notre droite, se trouvent quelques compagnies de fantassins, mais toute la cavalerie est devant vous.

— Elle n'y sera pas longtemps. Capitaine Warthon, je vous réclame comme aide-de-camp. Nous allons traverser le ruisseau en colonne et nous déployer sur l'autre rive ; si nous n'agissions pas ainsi, nous ne pourrions pas tenir ces vaillants Américains à la portée de nos mousquets.

Henry fit avec la tête un léger signe de désapprobation, et se disposa néanmoins à faire son devoir.

Pendant cette conversation qui avait lieu un peu en avant des colonnes anglaises et aux yeux des Américains, Dunwoodie avait rassemblé ses troupes, mis en sûreté les prisonniers et repris la position qu'il occupait auparavant.

— Qu'est-ce que cela ? s'écria Lawton qui accourait avec son commandant. Un habit bleu au milieu des uniformes rouges ! Tiens, c'est mon ami masqué du 60ᵐᵉ, le beau capitaine Wharton échappé à deux de nos meilleurs soldats.

Dunwoodie qui, il n'y avait qu'un instant, parlait de faire retirer les guides et de se mettre en quête d'un campement pour la nuit, changea aussitôt de détermination. Il sentait que l'évasion du prisonnier compromettait sa réputation et il voulait reprendre, coûte que coûte, son ami qui avait pris la fuite.

L'ordre de bataille fut aussitôt arrêté.

— Bravo ! s'écria Lawton, les Anglais traversent le ruisseau et tombent dans le piége !

— Ils ne se déploieront pas dans le bas-fond, dit le major : Wharton les aura avertis de la présence de notre infanterie.

— Il n'en sortira pas une douzaine de tout ce bataillon, interrompit Lawton, en sautant en selle.

Le doute ne fut bientôt plus permis, car la colonne anglaise, après s'être avancée à une faible distance dans la plaine, se déroula avec une précision qui eût fait son honneur un jour de revue à Hyde-Park.

— A cheval, à cheval ! s'écria Dunwoodie.

La ligne anglaise s'avança dans l'ordre le plus complet et essuya la fusillade de l'infanterie américaine. Sur l'avis du lieutenant-colonel, un vieux guerrier plein d'expérience, Wellmere envoya deux compagnies pour déloger les tirailleurs; à ce moment Dunwoodie commanda la charge.

L'attaque des Virginiens fut irrésistible. Wellmere, renversé de son cheval, ne dut la vie qu'à la générosité du major, qui le dérobant à la rage des assaillants, le releva, le plaça sur un cheval et le confia à la garde de son ordonnance.

Henri Warthon avait le bras droit percé d'une balle et était obligé de tenir la bride de la main gauche; il ne put maîtriser son cheval qui se cabra au son des trompettes des dragons fondant sur la ligne anglaise; et se trouva ainsi emporté auprès du capitaine Lawton, qui se précipitait au même instant sur l'armée royale.

— Le cheval connaît la bonne cause mieux que son cavalier, capitaine Wharton; soyez le bienvenu dans les rangs de la liberté!

Une fois la charge exécutée, Lawton se hâta de s'assurer de nouveau de son prisonnier, et, à la vue de sa blessure, le fit conduire à l'arrière-garde, où se trouvait le docteur, ce singulier personnage avec lequel nous aurons occasion de faire plus ample connaissance.

Les soldats virginiens ne firent ni grâce, ni faveur aux fantassins de l'armée royale, dont la plupart étaient à la merci.

Dunwoodie ayant remarqué que la cavalerie hessoise s'aventurait dans la plaine, se mit à sa poursuite et en eut aisément raison, car elle était munie de chevaux faibles et mal nourris.

Pendant ce temps, un grand nombre d'Anglais, profitant de la fumée et du trouble de la bataille, rejoignait l'infanterie adossée au bois en ligne de bataille. Lawton, s'apercevant de ce mouvement, s'élança en avant avec son lieutenant Georges Singleton, mais cette ardeur faillit leur coûter cher à tous deux. Sous le feu nourri de la mousqueterie, les Américains furent dispersés; le capitaine et Singleton furent blessés. Heureusement, à ce moment critique, le major Dunwoodie survint et prenant le commandement encouragea les vaillants et fit honte aux fuyards. Sa voix, ses gestes ranimèrent la confiance des dragons, qui revinrent à la charge avec une fougue irrésistible. L'armée du roi fut culbutée et gagna les bois d'où elle continua une maigre fusillade. Dunwoodie s'éloigna avec son détachement et commença à s'occuper des morts et des blessés.

L'officier chargé de conduire Henry Warton près du chirurgien, accomplit son devoir avec célérité afin de revenir le plus vite possible prendre part à la lutte. Ils n'étaient pas encore parvenus au milieu de la plaine, que le capitaine Wharton avait remarqué un homme dont les dehors et les occupations arrêtèrent forcément son attention. Sa tête était nue et chauve, mais on voyait une perruque bien poudrée, à demi cachée dans la poche de sa culotte. Il avait sorti son habit et les manches de sa chemise étaient relevées jusqu'aux coudes. Ses vêtements, ses mains et sa figure étaient teints de sang, marques visibles de sa profession. Il fumait un cigare, tenait dans la main droite quelques instruments de forme bizarre et dans la gauche un reste de pomme. Il était absorbé dans la contemplation d'un Hessois qui était étendu, inanimé devant lui. A quelques pas étaient trois ou quatre guides qui, appuyés sur leurs mousquets, regardaient le combat. Auprès du chirurgien se tenait un opérateur.

— Voilà le docteur, dit à Henry celui qui l'accompagnait, il aura soigné votre bras en un clin-d'œil.

Recommandant ensuite aux guides de bien veiller sur le prisonnier, il tourna bride et regagna au grand galop le gros du détachement.

Wharton s'approcha du docteur, et comme il s'aperçut que celui-ci n'avait pas remarqué sa présence, il allait lui demander son assistance, lorsque l'autre rompit le silence par ce monologue.

— Maintenant j'ai la certitude, comme si je l'avais vu de mes yeux, que cet homme a été tué par le capitaine Lawton.

Combien de fois cependant ai-je essayé de lui enseigner la manière de réduire un ennemi à l'impuissance, sans le tuer. Il est cruel et inutile de détruire ainsi des êtres humains; contre de pareilles blessures notre savoir est impuissant et agit ainsi, c'est en quelque sorte manquer de respect à la science.

— Si vous voulez bien, monsieur, dit Henry Wharton, j'appellerai votre attention sur cette petite blessure.

— Ah ! s'écria le docteur en l'examinant de la tête aux pieds, vous venez du lieu du combat, y fait-on de la besogne ?

— On emploie bien son temps, je vous l'assure, répondit Henry en acceptant l'aide du médecin pour ôter son habit.

— Bravo ! vous me faites grand plaisir en m'apprenant cette nouvelle, monsieur, car tant qu'on agit, on vit, et où il y a vie, il y a espoir, mais ici mon art n'est d'aucun usage. Je viens de remettre la cervelle dans la tête d'un Hessois, mais je crois qu'il était déjà mort quand on me l'a porté. C'est un cas curieux, monsieur. Je vous le montrerai tout-à-l'heure. Ah ! la balle a percé l'os sans l'attaquer, vous êtes très-heureux de tomber entre les mains d'un vieux praticien : sans cela vous auriez perdu votre membre.

— Je ne jugeais pas la blessure aussi sérieuse.

— La blessure n'est pas grave, en effet, mais vous avez un bras si propre à une opération que le plaisir de le couper aurait pu aisément tenter un novice.

— Peut-on goûter quelque plaisir à mutiler un de ses semblable, s'écria le capitaine en *frémissant*.

— Monsieur, dit le chirurgien avec gravité, une amputation scientifique est une très-belle opération, et il est naturel qu'elle tente un jeune homme qui veut en étudier toutes les particularités.

Cette conversation fut interrompue par l'arrivée des dragons retournant à leurs premiers quartiers et des soldats qui, blessés sans gravité, demandaient avec impatience les soins du docteur. Les guides se chargèrent de Wharthon, et de grand cœur le jeune officier reprit la route du cottage paternel.

Les Anglais avaient perdu dans la bataille à peu près le tiers de leur infanterie, mais le reste s'était rallié dans les bois, et Dunwoodie reconnaissant qu'il serait imprudent de les attaquer dans cette position, avait laissé sous les ordres de Lawton un fort détachement chargé de suivre les mouvements de l'ennemi et de saisir toutes les occasions de le harceler. Le major avait appris qu'un autre corps anglais avançait par la route de l'Hudson. Le capitaine Lawton, qui n'avait été frappé que par une balle morte, s'apprêta à exécuter les instructions de son chef. Les troupes britanniques, battues dans le combat que nous avons décrit, avaient pour mission de s'emparer des convois destinés aux Américains.

Après leur défaite, elles se retirèrent sur les hauteurs à travers bois et par des chemins inaccessibles à la cavalerie, taillés dans la cime de monts, et se dirigèrent vers la mer où les attendaient leurs navires.

Les derniers bruits du combat avaient retenti aux oreilles des habitants des *Sauterelles*; un morne silence leur succéda. Frances, qui avait inutilement essayé de ne pas suivre la rumeur de la lutte, surmontait maintenant sa frayeur pour connaître l'issue de la bataille. Elle se rendit donc auprès de son père qui, avec Sarah et miss Peyton, se tenait, depuis le départ d'Henry, dans un lieu d'où l'on pouvait entendre à travers les décharges de mousqueterie les cris des soldats exaltés. M. Wharton, qui partageait l'anxiété de sa plus jeune enfant, envoya César pour examiner l'état des choses et s'informer sous quelle bannière s'était rangée la victoire. En même temps, il raconta à Frances, surprise, comment Henry était parvenu à s'évader. Il terminait son récit quand la porte s'ouvrit sous les pas du capitaine Wharton, accompagné par deux guides et suivi du vieux noir.

— Henry, mon fils, mon fils, s'écria M. Wharton, les bras tombant et le corps affaissé sur sa chaise; comment revenez-vous; êtes vous encore captif et en danger de perdre la vie ?

— La fortune a été favorable au rebelle, dit le jeune homme en s'efforçant de sourire et en pressant affectueusement les mains de ses sœurs chéries ; j'ai vaillamment défendu ma liberté, mais le mauvais esprit de rébellion a même enflammé leurs chevaux ; celui que je montais m'a emporté malgré moi, je ne rougis pas de l'avouer, au centre des hommes commandés par Dunwoodie.

— Et vous êtes encore prisonnier, continua le père en lançant un regard plein d'effroi sur les soldats qui entraient dans l'appartement.

— Ce n'est que trop vrai, hélas ! Ce M. Lawton qui a son œil si perspicace me tient de rechef sous sa griffe.

— Pourquoi ne vous en êtes-vous pas défait, monsieur Henry, s'écria César.

— Il est plus aisé de dire pareille chose que de l'exécuter, M. César ; et puis, messieurs les guides que vous voyez là avaient trouvé à propos de me priver de l'usage de mon meilleur bras.

— Blessé ! blessé ! s'écrièrent ensemble les deux sœurs, qui aperçurent les bandes de toile tachées de sang.

— Une simple égratignure, mais qui me désarmait au moment le plus critique.

Henry étendit le bras droit pour prouver la vérité de sa déclaration. César jeta un regard plein de colère aux deux guides qui avaient aidé à la capture de son jeune maître, et il quitta la chambre. Le capitaine Wharton raconta en quelques mots les phases de la journée dont le résultat n'était pas douteux : les Virginiens étaient restés possesseurs du champ de bataille.

— Ils gagnent les hauteurs, dit soudain une sentinelle, mais ils ne quitteront pas ces parages sans de bons limiers pour leur donner la chasse.

— Pour cela, oui, ajouta l'autre, et je pense que le capitaine Lawton les tiendra de près jusqu'à ce qu'ils s'embarquent.

Un instant après, Dunwoodie se présenta.

La première émotion de la jeune fille fut un bonheur sans mélange ; un instant après, à l'aspect de l'expression inusitée qui se dessinait sur le visage de l'officier, elle recula. Dunwoodie avait un regard fixe, pénétrant et sévère à la fois ; il ne souriait pas comme d'habitude, ce fut d'un air sombre et ému qu'il prononça les paroles suivantes :

— M. Wharton, en un temps comme celui-ci, nous devons nous dispenser de vaines cérémonies ; un de mes officiers est blessé mortellement, je le crains, et, sûr de votre hospitalité, je le fais conduire sous votre toit.

— Je suis heureux, monsieur, que vous ayez agi ainsi, répondit M. Wharton, comprenant que dans l'intérêt de son fils, il était de la plus grande importance de se concilier les troupes américaines. Ceux qui ont besoin de mes services sont toujours les bienvenus, et doublement quand ils sont des amis du major Dunwoodie.

— Monsieur, je vous remercie pour moi-même et pour le compte de celui qui est incapable de vous exprimer sa gratitude. Veuillez, s'il vous plaît, le faire transporter sans retard dans un endroit où le chirurgien pourra le voir.

Sur ce, Dunwoodie se retira, et ne jeta pas même un regard sur Frances, qui sentit le froid lui gagner le cœur.

Lorsque ceux qui portaient le corps à moitié glacé de celui pour qui le major l'oubliait passèrent devant elle, Frances jeta un regard sur l'ami de son cœur.

Les traits pâles de Singleton, ses yeux enfoncés, sa respiration difficile présentaient l'apparence de la mort sous sa forme la plus hideuse. Dunwoodie lui tenait la main, faisait mille recommandations aux hommes du brancard de marcher doucement et avec soin, et prodiguait au blessé les plus tendres soins.

Le capitaine Wharton s'engagea volontairement sur l'honneur à ne pas chercher à s'échapper, et se mit ensuite à seconder son père dans les devoirs de l'hospitalité.

En vaquant à ces soins, il rencontra le chirurgien habile qui lui avait pansé le bras et qui allait visiter l'officier blessé.

— Ah! s'écria le disciple d'Esculape, je vois que vous allez bien, mais, à donc, avez-vous une épingle? Non, mais en voilà une; il faut que vous évitiez que l'air froid frappe votre blessure, ou gare les novices!

— Dieu me garde de ces gens-là, repartit le capitaine en ajustant minutieusement les bandages, tandis que Dunwoodie se montra sur le seuil de la porte et cria avec un accent plein d'impatience :

— Hâtez vous, Sitgreaves, ou Georges Singleton mourra d'une perte sang.

— Singleton, c'est le pauvre Georges qui est blessé, dit vivement le chirurgien en s'approchant avec émotion du lit du malade. Dieu soit loué, il respire encore, et tant que la vie est là, il y a espoir. C'est le premier cas sérieux que j'ai vu aujourd'hui, sans que le blessé ne soit mort immédiatement. Pauvre Georges, c'est la balle d'un mousquet qui l'a mis dans cet état!

Le jeune homme tourna les yeux vers l'homme de l'art en essayant de sourire et d'étendre la main. Cet appel muet toucha vivement le chirurgien, qui retira ses lunettes pour essuyer une larme tombant de ses yeux rarement humides. Tout en prenant les plus scrupuleuses dispositions que réclamait la délicate opération qu'il allait tenter, Sitgreaves murmurait : Quand j'ai à lutter seulement contre une balle, tout n'est pas désespéré; il y a la chance qu'elle n'aura atteint rien de ce qui est utile à la vie, mais les dragons du capitaine Lawton coupent de leurs sabres la jugulaire ou fendent la tête, et le patient succombe souvent avant qu'on ait pu lui porter le moindre soin. Je n'ai jamais pu replacer avec succès la cervelle d'un homme, et je l'ai encore essayé trois fois aujourd'hui. Ah! on devine aisément si les troupiers de Lawton ont donné dans un combat.

Le groupe des personnes qui étaient au chevet du lit de Singleton étaient trop habitué aux manières des chirurgiens pour répondre à ce monologue, et l'on attendit avec patience le moment où le médecin commencerait son examen. Celui-ci y procéda, et Dunwoodie, la main dans celle de son ami, cherchait à lire avidement l'arrêt de la science dans les yeux de Sitgreaves, qui avait retiré ses lunettes et sa perruque, et sondé la plaie. Au bout d'un instant, Singleton poussa une plainte et l'opérateur s'écria vivement en se levant :

— Ah! c'est un plaisir de suivre une balle qui a parcouru le corps humain sans léser les organes vitaux, mais quant aux hommes du capitaine Lawton...

— Dites, interrompit Dunwoodie d'une voix étranglée, y a-t-il de l'espoir; pouvez-vous retrouver la balle.

— Elle ne sera pas difficile à trouver, puisqu'elle est déjà dans ma main, répliqua froidement le chirurgien, en préparant la charpie. Elle avait pris une route détournée; ainsi n'agissent ni Lawton, ni ses hommes. J'ai vu tout à l'heure un cheval dont la tête était à demi séparée du corps.

— C'est mon ouvrage, dit Dunwoodie joyeux et rassuré; c'est moi qui ai tué la pauvre bête.

— Vous! mais vous saviez que ce n'était qu'un cheval!

— Je m'en doutais, en effet.

— De pareils coups sont funestes à l'organisme humain, poursuivit le docteur en continuant sa besogne, et rendent vains les bienfaits de la science. J'ai vu procéder Lawton, et selon mon attente, il ne m'a pas laissé de travail; les blessés sont atteints mortellement ou ils n'ont que des égratignures. Ah! le sabre est bien dangereux dans les mains maladroites du capitaine.

Le major, impatienté, montra son ami au bavard praticien qui se hâta d'achever son pansement.

Dunwoodie, dont on réclamait la présence sur le champ de bataille, serra affectueusement la main de Singleton et engagea le docteur à le suivre un instant.

— Qu'en pensez-vous, vivra-t-il? demanda le major dès qu'ils furent dans le corridor.

— J'en réponds, répondit Sitgreaves sans hésitation.

— Dieu soit loué! s'écria Dunwoodie tout joyeux, tout métamorphosé, et il descendit au salon où se trouvait la famille Wharton. Il ne parla pas de l'évasion de Henry, comme s'il eût cru que le jeune homme était resté aux Sauterelles depuis leur dernière séparation.

Miss Peyton s'enquit avec sollicitude de l'état du blessé:

— Vivra-t-il? demanda-t-elle.

— Tout me le fait supposer, fort heureusement, répondit le major; Sitgreaves m'assure que oui, et jamais il ne m'a trompé.

— Votre satisfaction n'est pas plus vive que la mienne. Un homme qui est aussi cher au major Dunwoodie ne peut manquer d'exciter l'intérêt de tous les amis de ce dernier.

— Singleton a droit à toute mon amitié, madame, pour ses hautes qualités du cœur qui le font chérir de toute l'armée; mais, pour l'heure, il a besoin de soins assidus, son salut tient à cela.

— Soyez sûr, mon cousin, qu'il ne manquera de rien ici.

— Excusez-moi, madame, reprit vivement le jeune homme, je

sais que vous êtes douée d'une grande bonté, mais Singleton a besoin de ces attentions dont les hommes sont incapables, de cette tendresse qui fait apprécier à un soldat les mérites et les charmes si doux d'une femme.

En disant ces mots, il tourna ses yeux vers Frances, qui comprit le muet langage du regard.

Celle-ci se leva et intervint ainsi dans la conversation :

— Tous les égards que les convenances permettent d'accorder à un étranger, votre ami les aura.

— Ah ! s'écria le major, ce mot si froid de convenance lui serait fatal ; il lui faut des consolations multipliées, des attentions constantes.

— Ce serait là le rôle d'une épouse ou d'une sœur, fit observer la jeune fille en rougissant.

— Une sœur ! Il a une sœur, reprit l'officier tout troublé, et elle pourrait être ici dès demain.

Il s'arrêta un instant, et jetant sur Frances un regard timide, il murmura à demi voix :

— Il faut que sa sœur vienne.

Miss Peyton répondit que puisqu'il en était ainsi, elle et ses nièces étaient toutes disposées à recevoir de leur mieux miss Singleton.

— Je la ferai donc prévenir ce soir, dit Dunwoodie, et comme s'il eût eu hâte de changer de conversation, il s'approcha du capitaine Wharton qu'il interpella ainsi :

— Henry, mon honneur m'est plus précieux que ma vie ; je sais que je puis le remettre entre vos mains en toute sûreté. Prenez l'engagement de rester ici prisonnier sur parole jusqu'à ce que nous quittions le comté, où nous séjournerons encore quelques jours.

— Votre généreuse confiance ne sera pas trompée, Peyton, quand même se dresserait pour moi le gibet où votre Washington a attaché le major André!

Henry, Henry Wharton, vous connaissez bien mal l'homme qui commande nos armées. Le devoir me rappelle; je vous laisse ici où je voudrais moi même rester pour partager votre douce infortune.

Dunwoodie s'éloigna en adressant à Frances un de ces sourires d'où il semblait, un moment auparavant, avoir oublié le secret.

Parmi les vétérans qui avaient quitté leur retraite pour servir le pays, était le colonel Singleton, né en Georgie et soldat depuis sa plus tendre enfance. Quand commença la guerre de leur liberté, il offrit ses services qui furent acceptés par respect pour son caractère. Son âge et sa santé s'étaient cependant opposés à ce qu'il se mêlât activement à la lutte, mais on avait assigné au vieux patriote divers postes de confiance où il pouvait, sans trop de fatigues, exercer au profit de la cause nationale sa vigilante fidélité. Depuis un an, il gardait les défilés des montagnes, et il habitait avec sa fille à une petite journée de marche de la vallée où la bataille avait eu lieu. L'officier blessé dont nous avons parlé était son fils. Le major expédia un messager pour apprendre à M. Singleton l'état de son fils qui avait besoin des soins les plus tendres, que sa sœur, certainement, ne refuserait pas de venir lui prodiguer.

Ce devoir accompli, Dunwoodie se rendit dans la plaine où les troupes américaines avaient fait halte. Les restes des bataillons anglais étaient déjà presque hors de vue. Ils marchaient dans un ordre compacte vers les chaloupes canonnières, tandis que les dragons, sous le commandement de Lawton, les pressaient en flanc et attendaient le moment favorable pour les attaquer.

Au dessus et près des *Sauterelles* était un petit hameau coupé par plusieurs routes, et d'où l'on pouvait, par conséquent, avoir un facile accès dans les contrées voisines. Ce fut là que Dunwoodie fit camper ses troupes et installer les blessés, pendant qu'une partie de ses soldats remplissait les pénibles devoirs de donner la sépulture aux morts. En allant et venant, le major aperçut le colonel Wellmere assis et méditant sur ses infortunes; il s'avança vers lui et lui demanda pardon de sa négligence. L'officier anglais reçut ces excuses courtoises avec raideur et parla de la hâte accidentelle de son cheval. Son interlocuteur, qui avait vu un de ses hommes renverser par terre le colonel, sans la moindre cérémonie sourit légèrement en lui offrant l'assistance du médecin. Tous deux se dirigèrent vers le cottage où se trouvait le docteur.

— Colonel Wellmere! s'écria, à leur arrivée aux Sauterelles, le jeune Wharton, la fortune de la guerre a donc été cruelle pour vous aussi; mais soyez le bienvenu dans la maison de mon père, quoique j'eusse souhaité vous y recevoir dans des circonstances plus heureuses. Toute la famille, et Sarah surtout, fit bon accueil au colonel. On s'empressa de mander le docteur.

— Monsieur, dit Sitgreaves en entrant et en parlant au seul officier en habit rouge, qu'y a-t-il pour votre service? Je désire que vous n'ayez pas eu affaire aux capitaine Lawton, car justement je pourrais venir trop tard.

— Il y a un malentendu, Monsieur: le major Dunwoodie m'avait fait espérer un médecin, et non une vieille femme.

— Monsieur est le docteur Sitgreaves, interrompit vivement Henry Wharton. Ses excessives occupations sont cause du négligé de sa tenue.

— Je vous demande pardon, dit Wellmere avec raideur, et il ôta son habit pour montrer son bras meurtri.

— Si les degrés pris à Edimbourg, l'internat dans les hôpitaux de Londres, et une pratique attestée par plus de cent amputations et de toutes les opérations que nécessite parfois le corps humain et un brevet du congrès de ce continent suffisent pour faire un chirurgien, je puis sans crainte, et en toute conscience, affirmer que je le suis.

— C'est bien, c'est bien, le capitaine Wharton m'a fait apercevoir de mon erreur.

— Je remercie le capitaine Wharton, dit le docteur en préparant ses instruments avec une grave formalité qui glaça le colonel. Où est votre blessure, Monsieur? Est-ce seulement cette égratignure sur l'épaule, et d'où provient-elle?

— Du sabre d'un dragon, répliqua Wellmere avec emphase.

— Jamais, monsieur. Cela est impossible. Le gentil Georges Singleton lui-même ne vous aurait pas tant ménagé.

Le médecin prit dans sa poche un emplâtre et l'appliqua sur la contusion.

— Voilà qui satisfera vos désirs, car je suis certain que vous n'aurez pas autre chose à réclamer de mon ministère.

— Et quels sont mes désirs puisque vous vous vantez de les connaître.

— De pouvoir vous porter blessé sur vos dépêches. Vous pourrez ajouter que c'est une vieille femme qui vous a soigné, car une commère, en effet, eût suffi à vous soigner.

— Singulier langage, grommela l'Anglais.

Le capitaine Wharton s'interposa et en mettant la méprise du colonel sur le compte de sa mauvaise humeur et de ses douleurs physiques, il calma un peu le praticien, qui consentit à regarder les autres blessures de l'officier supérieur, après quoi Sitgreaves s'éloigna.

La cavalerie, après avoir pris le repos nécessaire, se disposa à partir, et Dunwoodie décida Sitgreaves à rester aux Sauterelles pour soigner Singleton; sur la demande d'Henry, le colonel put rester comme prisonnier sur parole.

Et une fois les ordres donnés, Dunwoodie se mit en marche avec ses dragons. Les guides disséminés en pelotons et escortés par des patrouilles de cavalerie se répandirent dans la contrée, de façon à former une chaîne de sentinelles depuis la mer jusqu'à l'Hudson.

Le major était triste et rêveur; il songeait à Frances sa fiancée, à Henry son ami, qui était aussi son prisonnier; à Singleton étendu sur un lit de douleurs, et ces souvenirs diminuaient beaucoup l'ivresse du triomphe remporté sur l'armée royale.

VIII

Le corps de troupes commandé par Lawton avait inutilement cherché l'occasion de charger les fuyards. L'officier, qui avait pris le commandement, en l'absence de Wellmere, était expérimenté; à peine rendu sur le rivage, il groupa ses soldats en un carré compacte qui forma une forêt de baïonnettes appuyée par les canons du Schooner, qui avait transporté les réguliers de New-York.

Le capitaine vit bien qu'il n'était pas prudent de contrarier l'embarquement des Anglais. Les dragons battirent donc en retraite pour rejoindre le gros de leur corps. Les brumes du soir commençaient à obscurcir la vallée. En tête des Américains, marchait Lawton, qui conversait avec son plus ancien lieutenant, tom Mason.

— Quel est donc l'animal qui remue là-bas à notre droite?

— C'est un homme, répondit Mason, regardant attentivement l'objet désigné.

— Il ressemble par sa bosse à un dromadaire, reprit le capitaine Mais c'est Harvey Birsch ! Harvey Birsch ! Qu'on s'empare de lui, mort ou vif.

Mason et une douzaine de ses hommes comprirent seuls la signification de ce cri soudain et s'élancèrent à la suite de leur chef impétueux.

Birsch avait prudemment gardé sa position sur le rocher où Henry Wharton l'avait aperçu, il y attendait impatiemment le départ des troupes et la tombée de la nuit pour regagner sans danger sa demeure. Il n'avait pas fait le quart de son chemin que son oreille exercée distingua le pas des chevaux. Malgré ce péril croissant par minute, il espérait encore arriver sain et sauf au terme de sa course, en rampant le long de terre. Le colporteur ayant entendu la voix de Lawton causant sur un ton élevé avec ses officiers, avait considéré le danger comme passé et s'était redressé afin d'aller plus vite. Ce fut alors qu'on le vit et que la chasse commença. Pendant un instant, Birsch fut saisi d'épouvante en face de ce danger imminent ; ses jambes se dérobèrent sous lui, mais cette panique ne dura que quelques secondes. Birsch jeta son ballot et, serrant sa ceinture, s'enfuit vers le bois. Les cavaliers passèrent tout près de lui et ne le virent point parce qu'il avait eu la précaution de se coucher à terre à plat ventre. Les dragons une fois passés, il se releva et d'un seul bond traversa la route à quelque pas du détachement. Au même moment, retentit de nouveau la voix tonnante de Lawton :

— C'est Harvey Birsch ! prenez-le mort ou vif !

Une lueur de feu sortit à la fois de cinquante pistolets, et les balles sifflèrent dans toutes les directions autour de la tête du colporteur

Un sentiment de désespoir envahit son cœur et il s'écria avec amertume :

— Chassé comme une bête des forêts!

Il regarda la vie comme un fardeau et fut tenté de se livrer de lui-même à ses ennemis. Mais la nature prévalut. Il était à craindre, s'il était pris, qu'on ne lui fît pas l'honneur d'un procès régulier, et probablement le soleil, en se levant, éclairerait le lendemain son ignominieuse exécution. N'avait-il pas déjà échappé à l'affreux supplice, que grâce à un stratagème ? Les considérations et l'approche de ses ennemis ranimèrent son énergie, et il se reprit à courir. Un fragment de mur, heureusement échappé aux ravages de la guerre, se rencontra devant lui. A peine Harvey eut-il franchi cet obstacle protecteur qu'une vingtaine de dragons arrivèrent à sa suite. Les chevaux refusèrent de sauter dans les ténèbres et reculèrent. Au milieu de la confusion produite par cet incident et tandis que les soldats s'attardaient en grommelant d'effroyables jurons, Birsch aperçoit une colline sur le sommet de laquelle il savait que personne ne viendrait l'inquiéter. Le cœur du colporteur palpitait à cet espoir quand retentit encore la voix de Lawton qui criait à ses cavaliers de lui faire place. L'ordre ayant été donné, le capitaine donna de l'éperon, et le coursier, surexcité par la douleur, s'élança au galop par-dessus le mur qu'il franchit sain et sauf.

Les hurrahs triomphants des dragons n'annoncèrent que trop clairement au colporteur l'imminence du danger. Il était exténué de fatigue, et son mauvais sort ne lui paraissait plus douteux.

— Arrête ou meurs ! exclama le troupier d'un ton terrible.

Harvey jeta par-dessus son épaule un regard à la dérobée et vit tout près de lui l'homme qu'il craignait tant : le sabre que Lawton brandissait avec fureur brillait à la clarté des étoiles. La crainte, le désespoir gagnèrent le colporteur exténué qui se jeta soudain aux pieds du dragon. Le cheval du capitaine trébucha contre le corps de Birsch, et monture et cavalier roulèrent dans la poussière. Prompt comme la pensée, Harvey se releva et arracha son arme à l'officier de dragons. Un moment il fut tenté de frapper son agresseur, mais ses mains laissèrent doucement retomber le glaive sur le militaire tout contusionné, et le colporteur, généreux dans sa vengeance s'enfuit, sans verser de sang, derrière les rochers.

— Au secours du capitaine! s'écria Mason en arrivant auprès avec une douzaine de soldats. Que quelques-uns d'entre vous mettent pied à terre et fouillent les rochers où s'abrite le drôle.

— Arrêtez, dit le capitaine d'une voix haletante, et se levant avec difficulté, il ajouta :

— Si l'un de vous descend de cheval, il est mort. Tom, mon cher compagnon, voulez-vous m'aider à seller Roanoke?

— Je crains que vous ne vous soyez fait beaucoup de mal, mon pauvre capitaine.

— Un peu, en effet. Je voudrais que votre rebouteur fût à portée pour inspecter l'état de mes côtes.

— Sitgreaves est auprès du capitaine Singleton, à la maison de Wharton.

— Je demanderai l'hospitalité à M. Wharton, parbleu! A la guerre comme à la guerre et M. Wharton estime notre corps d'une façon spéciale.

— Et moi, j'irai camper aux Quatre-Coins; car si nos dragons prenaient leurs quartiers aux *Sauterelles*, la famine y entrerait avec nous.

— Mauvaise société; l'espoir en les petits gâteaux de miss Peyton soulage mes blessures.

— Si vous songez à manger, il n'y a pas péril de mort.

— Je pense bien.

L'ordonnance de Lawton interrompit la conversation :

— Capitaine, nous allons passer devant la maison de cet espion de colporteur. Si vous y consentez, nous y mettrons le feu.

— Non, hurla le capitaine qui fit frissonner le sergent tout désappointé. Êtes-vous un incendiaire? Voulez-vous brûler de sang froid une maison? Qu'une seule étincelle en approche, et la main qui l'aura allumé n'en allumera jamais d'autre!

Le colonel Wellmere avait déjà regagné son appartement; M. Wharton et son fils étaient enfermés dans les leurs, et les dames étaient occupées à servir du thé au chirurgien. Tout en causant, miss Peyton apprit que le docteur connaissait des membres de sa famille fort répandue en Virginie, et qu'il n'était pas même impossible qu'il eût jadis vu la lady en personne. Cette découverte enleva toute froideur à la conversation.

Soudain miss Peyton s'écria, au bruit des coups de pistolets tirés sur Birch :

— Qu'est-ce donc que cela ?

— Ces sons ressemblent prodigieusement à la perturbation déterminée dans l'atmosphère par l'explosion d'armes à feu, répondit le docteur en aspirant quelques gorgées de thé d'un air indifférent. Je penserais volontiers que la troupe de Lawton revient, si je ne savais que le capitaine ne se sert jamais des pistolets et qu'il abuse du sabre.

— Grand Dieu !

— Dans les mains de Lawton, ajouta Sitgreaves, le sabre fait des blessures mortelles.

— Mais le capitaine Lawton, cet officier que nous avons vu ce matin, il est votre ami? fit observer Frances, observant le trouble de sa tante.

— Je crois que oui ; cet homme serait comme il faut, s'il apprenait à combattre scientifiquement et me laissait quelques blessés à soigner. Il faut que tout le monde vive, et quels seraient les profits d'un médecin, si leur clientèle ne comptait que des morts.

Le docteur discourait encore, lorsque le marteau de la porte retentit avec fracas. Il alla ouvrir, après s'être muni de son *vade mecum*, la scie à amputation.

— C'est vous, capitaine Lawton ! Est-ce que vous avez besoin de mon ministère ?

— Oui, repartit le troupier avec peine.

Quelques mots du lieutenant Mason mirent le docteur au courant de la situation, et miss Peyton accorda avec empressement l'asile qu'on lui demandait; tandis qu'on disposait une chambre pour le nouveau venu, et que le docteur était allé donner quelques ordres, le capitaine fut invité à rester dans la salle à manger. Lui et son subalterne, tentés par les débris du repas du soir, s'installèrent sans façon à table, et le praticien, en revenant, trouva son malade de bon appétit.

— Vous mangez? Avez-vous donc envie de mourir ?

— Pas le moins du monde, et voilà pourquoi je garnis mon estomac.

Le chirurgien ne cacha pas son mécontentement et suivit en grommelant les deux militaires dans une pièce voisine. Quand Lawton eut pris possession d'un fauteuil, le docteur Sitgreaves procéda à l'examen du blessé.

— Sitgreaves, cachez cet instrument dont la vue me glace le sang.

— Pour un homme qui a si souvent exposé sa vie, vous avez là un préjugé bien étrange à l'égard d'un instrument fort utile.

— Le ciel me préserve d'en avoir besoin !

— Vous ne mépriseriez pas cependant, je suppose, les lumières de la science et l'aide de ses disciples, parce que cette scie deviendrait nécessaire ? dit en raillant l'impitoyable opérateur.

— Tant que je pourrai me défendre, vous ne me découperez pas comme un quartier de bœuf, exclama Lawton. Mais le sommeil me gagne ; ai-je quelque côte brisée ?

— Non.

— Et les os ?

— Non plus.

— Alors, je n'ai besoin de cet instrument, et je vous remercie tous. Bonsoir, les amis, répondit le capitaine, en portant à ses lèvres une bouteille qu'il vida presque. Il respectait profondément l'habileté chirurgicale de son ami, mais il était très-sceptique au sujet de l'efficacité des remèdes internes. Il soutenait souvent qu'avec un estomac lesté, un cœur ferme et une conscience nette, un homme pouvait affronter les vicissitudes de l'existence. Sa maxime favorite était que la mort s'attaquait en dernier ressort aux yeux et que l'étreinte suprême était réservée aux mâchoires ; par conséquent, ces deux parties du corps avaient droit à plus de soins que les autres.

Sitgreaves, au fait de l'opinion du patient sur ces matières, lui tourna le dos avec un geste de pitié, remit avec de minutieuses précautions les fioles dans sa trousse de maroquin et sortit sans répondre aux souhaits de bonne nuit qui lui étaient adressés. Mason, trouvant qu'il n'y avait pas urgence de désirer une bonne nuit au capitaine qui ronflait déjà, prit congé des femmes et rejoignit ses soldats au galop de son rapide cheval.

Mason et Lawton continuèrent la route en silence ; le premier méditait sur la prodigieuse métamorphose que la chute avait produite sur son supérieur. Ils atteignirent bientôt les *Sauterelles* ; le capitaine et le lieutenant quittèrent leur selle et se dirigèrent vers l'habitation, tandis que la troupe poursuivit sa marche pour gagner son lieu de campement.

La journée, féconde en incidents, avait fourni un thême abondant à la curiosité de Catherine Hagues. La prudente gouvernante avait soigneusement gardé la plus stricte neutralité ; tandis que ses amis s'étaient déclarés pour la cause nationale, elle ne s'était pas prononcée avant de connaître le sentiment d'Harvey Birsch, qu'elle espérait toujours épouser, la conformité de vues étant nécessaire pour le bonheur du ménage. Mais l'incertitude de conduite du colporteur déroutait Catherine.

Birsch ne s'absentait guère que de nuit ; le soleil couchant le trouvait à une extrémité du comté, et, dans la matinée suivante, il était aux confins opposés. Il avait toujours son ballot avec lui, et déployait une telle activité pour son commerce, qu'on croyait que sa seule ambition était d'acquérir de l'or.

Ils disparaissait parfois des mois entiers ; les troupes royales qui occupaient les hauteurs de Harlaem et celles qui gardaient la pointe nord de l'île de Manhatton, laissaient passer sans méfiance et sans l'inquiéter le marchand ambulant, qui se rapprochait des lignes américaines aussi fréquemment, mais avec moins de sécurité.

Plusieurs sentinelles, placées dans les gorges des montagnes, avaient parlé d'une étrange figure qu'elles avaient vue se glisser auprès d'elles à la faveur des brumes du soir. Ces récits étaient arrivés aux oreilles des officiers, et, comme nous l'avons raconté, le colporteur tomba à deux reprises entre les mains des Américains. La première fois il échappa à Lawton, presqu'aussitôt après son arrestation, mais la seconde il fut condamné à mort. Le matin fixé pour l'exécution, la cage était ouverte et l'oiseau s'était envolé. Cette évasion était très-extraordinaire, car la garde du prisonnier avait été confiée à un officier favori de Washington et à des sentinelles qui veillaient d'habitude sur la personne du commandant en chef. Le soupçon de trahison ne pouvait pas atteindre des personnes si honorables et, parmi les soldats étonnés, l'opinion commune fut que le colporteur avait des accointances diaboliques. Catherine rejeta cette supposition avec indignation, car le diable ne payant pas avec de l'or, après réflexion, elle crut plutôt qu'Harvey était stipendié par Washington; mais elle réfléchit que le papier et les promesses étaient la seule monnaie des Américains avant les secours venus de France ; or, depuis cette époque, Catherine examina plusieurs fois la bourse en peau de daim, mais jamais elle ne trouva une seule effigie de Louis XVI, mais des pièces frappées au sceau bien connu de Georges III.

Souvent la maison d'Harvey avait été surveillée par les Américains, mais toujours inutilement. L'espion avait de secrètes intelligences. Une fois, un fort détachement des troupes nationales campées aux Quatre-Coins, reçut de Washington lui-même l'ordre de ne pas perdre de vue une seconde l'habitation d'Harvey. L'officier remplit scrupuleusement sa mission durant tout l'été, le marchand ne parut pas; mais le soir du départ du régiment, Birsch entra chez lui. Le père d'Harvey avait été inquiété par suite des soupçons qui planaient sur son âme, mais le vieillard était d'une extrême circonspection, et comme sa propriété ne valait pas assez pour exciter l'envie de certains qui faisaient profession de patriotisme, la persécution ne se prolongea pas. L'âge et les peines allaient, au reste, le soustraire à toutes les avanies, car la lampe de sa vie avait brûlé toute son huile.

La dernière séparation du père et du fils avait été pénible, mais tous deux avaient obéi à ce qu'ils considéraient comme un devoir. Le vieillard avait senti la gravité de son état, mais il n'en avait rien dit à ses voisins, dans l'espoir que son fils serait là pour l'assister dans ses derniers moments. Sous l'influence des émotions de la journée, la maladie empira beaucoup vers le soir, et Catherine, effrayée, dépêcha aux sentinelles un jeune homme qui s'était blotti chez Birsch, durant le combat ; la gouvernante priait qu'on lui envoyât un compagnon dans ces tristes circonstances. César seul était disponible. Chargé de provisions de bouche et de cordiaux par la bonne miss Peyton, le noir se hâta de satisfaire à la requête de Catherine. Le mourant pouvait se passer de tout remède et semblait n'avoir qu'une préoccupation, celle de succomber en l'absence de son fils.

Catherine et César, assis devant la vaste cheminée de cuisine où brillait un grand feu, causaient du pauvre homme qui agonisait dans la pièce voisine et faisaient l'éloge de sa délicatesse et de sa bonté.

Tout-à coup le nègre regarda fixement et ses dents claquèrent d'épouvante ; son interlocutrice fut frappée de ce changement dans la physionomie de César ; en se retournant, elle aperçut le colporteur debout sur la porte de la chambre.

— Vit-il ? demanda Birsch tremblant en attendant une réponse.

— Oui, dit la gouvernante, il ira jusqu'au jour ou jusqu'à la marée basse.

Harvey pénétra doucement dans la chambre de son père. Ces deux hommes, qui étaient tout l'un pour l'autre, n'étaient pas unis seulement par des liens ordinaires. Ils avaient jadis perdu du même coup fortune et famille, et depuis lors la persécution et la détresse avaient suivi leurs pas errants.

Harvey se pencha sur le chevet du lit et murmura d'une voix étranglée par les larmes :

— Mon père, me reconnaissez-vous ?

Le vieillard ouvrit doucement les yeux, et un sourire de satisfaction glissa sur sa figure pâle. Le colporteur versa sur les lèvres sèches du moribond un cordial qu'il avait apporté avec lui. Pendant quelques minutes, le vieillard parut recouvrer sa vigueur. Catherine et César étaient silencieux, l'un par curiosité, l'autre par crainte. Harvey recueillait dans un respectueux recueillement les suprêmes exhortations du moribond.

— Mon fils, dit celui-ci d'un ton extrêmement bas, Dieu est aussi miséricordieux qu'il est juste ; si j'ai écarté loin de moi la coupe du salut quand j'étais jeune, il me la présente dans sa clémence à la fin de ma carrière. Il a châtié pour purifier, et je vais aller rejoindre les âmes de notre famille. Bientôt, mon fils, vous serez seul ; je vous connais trop pour ne pas prévoir que la vie vous sera à charge ; le roseau brisé se courbe et ne se relève plus. Vous êtes destiné, Harvey, à marcher dans la bonne voie, si vous continuez comme vous avez commencé. Ne négligez jamais vos devoirs, et...

A ce moment, un bruit se produisit dans la chambre attenante ; le vieillard l'interrompit, et le colporteur, suivi de Catherine et de César, s'élança dans l'autre pièce. Son premier regard tomba sur un étranger dont les allures dénotaient de mauvaises intentions. Il était escorté de plusieurs hommes aux figures patibulaires. Une bande d'écorcheurs se trouvait sous le toit de Birsch, qui avait en sa présence le chef de ces maraudeurs soi-disant patriotes, armés de fusils et de baïonnettes, équipés comme les fantassins.

Harvey sentit que toute résistance serait vaine et il se soumit tranquillement à leurs ordres. En un clin-d'œil César et lui, dépouillés de leurs habits, reçurent en échange les guenilles de deux écorcheurs. On les plaça ensuite chacun aux deux coins opposés de la cuisine, et le fusil sur la gorge, ils furent sommés de répondre fidèlement aux questions qui leur seraient posées.

— Où est votre paquet? fut la première question posée au colporteur.

— Ecoutez-moi, dit Birsch, d'un air suppliant : dans la chambre voisine est mon père à l'agonie ; laissez-moi aller recevoir sa bénédiction et lui fermer les yeux, et tout ce que je possède, je vous le donnerai.

— Répondez à mes questions, sans quoi ce mousquet vous enverra où va aller le vieux moribond. Où est votre paquet ?

— Je ne vous dirai rien jusqu'à ce que je sois allé auprès de mon père, repartit résolument le marchand.

Son persécuteur leva son arme comme pour exécuter sa menace, lorsqu'un de ses compagnons l'arrêta en s'écriant :

— Qu'allez-vous faire ? oubliez-vous la récompense promise ? Tenez, Birsch, dites-nous où sont vos richesses et vous pourrez aller auprès de votre père... Birsch obéit aussitôt, et un homme fut détaché pour chercher le paquet ; il revint bientôt, et le jeta par terre en jurant qu'il était aussi léger qu'une plume.

— Vous avez dû retirer quelque chose de ce que contenait cette balle, dit le chef en s'adressant à Harvey; donnez-nous votre or; nous savons que vous n'en manquez pas, car vous ne prenez pas du papier américain, vous !

— Vous manquez à votre parole.

— Donnez-nous votre or, répéta le chef furieux en appuyant la pointe de sa baïonnette sur la poitrine de Birsch. Le sang jaillit aussitôt.

Le colporteur entendant un léger mouvement dans la pièce à côté, implora ainsi son bourreau :

— Laissez-moi aller vers mon père, et vous aurez tout.

— Je vous jure que vous y irez, répondit l'écorcheur.

Tenez, s'écria Birsch en jetant sa bourse qu'il était parvenu à cacher en changeant de vêtements.

Le pillard la ramassa avec un air satanique.

— Très-bien, celui que vous irez rejoindre, c'est votre père qui est dans les cieux.

— Monstre! n'avez-vous ni sentiment, ni foi, ni honnêteté?

— A l'entendre, on ne croirait pas que la corde est déjà autour de son cou. Il n'y a pas lieu d'être contrarié, M. Birsch ; si le vieillard a sur vous quelques heures d'avance dans le voyage, vous êtes sûr de le suivre demain avant midi.

Cette communication cruellement plaisante ne fit aucun effet sur le colporteur qui prêtait une oreille attentive aux moindres sons venant de la chambre de son père. Quand il entendit son propre nom prononcé avec l'accent sépulcral de la mort, Harvey ne put pas se contenir davantage.

— Mon père, j'y vais, me voici, mon père !

Il s'élança malgré son gardien, mais un autre homme le cloua au mur avec sa baïonnette; le coup n'avait heureusement atteint que les habits.

— Doucement, M. Birsch; nous vous connaissons trop pour vous perdre de vue. Votre argent ! votre argent !

— Vous l'avez, dit le colporteur au comble du désespoir.

— La bourse, oui, mais elle ne renferme pas toute votre fortune. Le roi Georges est un bon payeur et il vous a force obligations. Où est le coffre? livrez-le ou vous ne reverrez pas votre père.

— Enlevez la pierre qui est sous cette femme, répondit Harvey en montrant l'endroit que Catherine protégeait de sa présence.

— Il radote, dit la gouvernante changeant insensiblement de place pour se mettre sur une autre pierre qui fut aussitôt soulevée.

On ne trouva rien.

— Il radote, ajouta la ménagère, vous lui avez troublé l'esprit Un homme raisonnable cacherait-il son or en semblable lieu.

— Paix, bavarde! cria Harvey, sous la pierre du coin, on trouvera de quoi devenir riche en me ruinant.

— Il y a là de quoi payer sa corde, dit l'écorcheur joyeux en retirant du trou indiqué une quantité considérable de guinées anglaises.

Ravie par cette aubaine au dessus de toute espérance, la bande se prépara au départ; les écorcheurs employaient déjà la violence pour emmener avec eux le colporteur afin de le livrer moyennant rançon aux troupes américaines. Birsch résistait de toutes ses forces. Soudain une apparition imprévue glaça les plus intrépides.

Le malade, aux cris de son fils, s'était levé et péniblement traîné jusque sur le seuil de la porte; son corps était entouré d'un drap qu'on eût pris pour un linceul; ses yeux fixes et hagards donnaient au vieillard l'aspect d'un revenant.

Catherine et César crurent voir l'esprit de Birsch plutôt qu'une enveloppe matérielle et se sauvèrent. La bande des écorcheurs effrayée en fit autant.

Les forces du mourant surexcitées un instant par l'émotion s'évanouirent vite. Harvey prit son père dans ses bras, le remit sur le lit et reçut à genoux sa bénédiction suprême et son dernier soupir.

Après avoir couru un instant, César et Catherine se trouvant loin des écorcheurs, ils s'arrêtèrent et se mirent à causer.

— Ah! César, dit Catherine, d'une voix solennelle, c'est terrible qu'un mort revienne avant même d'être couché dans son tombeau.

— Je n'aurais jamais cru que Jean Birch eût de si grands yeux, répondit César, encore tout glacé de frayeur.

— Je suis sûre que ce serait un supplice même pour un vivant de perdre tout ce qu'il possédait ; Harvey n'a plus rien maintenant, et j'ignore où il trouvera une femme.

— Le fantôme l'a peut-être emporté.

Une nouvelle idée saisit en ce moment l'imagination de la vieille fille ; elle supposa que, dans la confusion de la retraite, le trésor avait pu être oublié par les ravisseurs, et après en avoir délibéré avec César, ils se déterminèrent à aller s'assurer de ce fait important, et à recueillir, si cela était possible, quelques renseignements sur le sort du colporteur.

Catherine eut beau chercher, elle ne trouva rien sur la route suivie par les écorcheurs qui eussent tenu bon les guinées jusqu'à la mort et peut-être au-delà ; elle se décida alors à rentrer dans la maison où Harvey, en proie à la plus vive désolation, rendait au défunt les suprêmes devoirs. Quelques mots suffirent pour que Catherine fût au courant des évènements, mais César persista sa vie durant dans l'opinion que Jean Birsch était revenu et avec ses récits de spectre et d'apparition il devait longtemps faire l'étonnement de ses camarades.

Le danger contraignit le colporteur à abréger le court espace de temps que les Américains ont coutume de laisser écouler entre le décès et l'inhumation. César alla à deux milles loin requérir l'office d'un charpentier pour confectionner la bière, et le cadavre, revêtu de ses plus beaux habits, fut recouvert avec un drap en attendant le retour du messager.

Lorsque les écorcheurs eurent gagné le bien voisin, ils se remirent de leur panique, et firent halte.

— J'ai cru, à votre épouvante, que l'armée royale était à notre poursuite. Oh ! vous êtes des héros à la course, s'écria le chef avec amertume.

— Nous suivons notre capitaine.

— Alors suivez-moi à la maison de Birsch, et gagnez la récompense.

— Oui, mais pendant que nous attaquerons la cabane, ce vilain noir ira réclamer l'aide des Virginiens, et j'aimerais mieux lutter contre cinqua..te vachers que contre le major.

— Fou que vous êtes ? ne savez-vous pas que la cavalerie de Dunwoodie est campée aux Quatre-Coins, à deux milles d'ici ?

— J'ai vu entrer le capitaine Lawton chez M. Wharton, tandis que j'épiais l'heure propice pour emmener le cheval du colonel anglais.

— Et s'il intervenait, après tout, est-ce qu'une balle n'imposerait pas silence aussi bien à un dragon du sud qu'à un soldat de la vieille Angleterre ?

— C'est vrai, mais si nous nous brouillons avec les Virginiens, nous ne pourrons plus fourrager par ici.

— Bien, murmura le chef, le colporteur ne doit pas être dérangé durant les funérailles de son père, mais demain, nous veillerons à nos affaires.

Après avoir prononcé ces mots, il se retira suivi de sa bande dans le bois jusqu'à ce que l'obscurité permit de reprendre sans danger les déprédations accoutumées.

X

La famille Wharton ne se doutait pas des évènements qui avaient lieu chez Birsch. Cependant le soleil levant pompa les vapeurs de la vallée ; Lawton le docteur, et les dames du cottage étaient assemblés au salon, mis Peyton regardait avec sympathie par la fenêtre dans la direction de la maison du colporteur quand la silhouette de Catherine qui marchait à pas pressés se dessina tout d'un coup à travers la brume disparaissant sous les premiers rayons de l'astre du jour. En voyant son air chagrin et abattu, la bonne mis Peyton demanda d'un ton compatissant :

— Eh! bien, Catherine, est-il mort?

— Non, madame, pas encore, mais il ne tardera pas, répondit la vieille fille. On ne lui a pas laissé seulement l'argent nécessaire pour acheter des vêtements et ceux qu'il a dessus ne sont pas déjà très-bons ?

— Comment peut-on avoir le triste courage de dépouiller un homme si près de la fin ?

— Ils sont sans pitié, madame. Ils ont pris dans le pot de fer cinquante-quatre guinées d'or, et sans doute davantage, à en juger au coup d'œil : la somme pouvait monter à deux cents guinées. Henri n'est plus qu'un mendiant, et qu'y a-t-il de plus méprisable qu'un mendiant ?

— La pauvreté mérite la pitié et non le mépris, dit la dame, n'ayant pas encore compris l'étendue des malheurs survenus en une nuit à son voisin. Comment va le vieillard, et cette perte lui a-t-elle été très-sensible ?

La contenance de Catherine changea aussitôt ; l'expression naturelle de tristesse se changea en une attitude de résignation affectée.

— Il est heureusement délivré des tracas de cette terre. Le bruit de l'or l'a fait sortir de son lit, et le pauvre homme a succombé au rude coup qui le frappait ; il est mort à peu près deux heures dix minutes avant le chant du coq.

Catherine fut interrompue par le docteur qui s'approcha pour demander avec intérêt quelle était la nature de la maladie.

— Le chagrin et l'âge ; tous mes soins ont été inutiles, et qui me les paiera désormais puisqu'Harvey est ruiné et misérable ?

— Dieu ! dit avec douceur miss Peyton.

— Oui, mais mes gages de trois ans sont perdus. Mes frères m'avaient engagée plusieurs fois à les réclamer, mais je pensais qu'entre parents les comptes se régleraient aisément.

— Vous êtes parents ?

— Approximativement. Je pourrais même faire des réclamations pour obtenir le jardin et la maison, mais on prétend que tout sera confisqué. Catherine poursuivit en se tournant vers Lawton : Peut-être monsieur pourrait-il me conseiller ; il semble prendre beaucoup d'intérêt à mon histoire.

— Madame, repartit le troupier, votre récit est, en effet, très-intéressant, mais ma science est limitée aux devoirs de mon emploi ; je vous invite à vous adresser au docteur Archibald Fitgreaves, un gentilhomme d'un savoir universel et d'une grande philanthropie.

Le chirurgien sifflait un air entre ses dents et regardait des fioles placées sur la table.

— Monsieur, lui dit la gouvernante, une femme n'a-t-elle des droits sur les propriétés de son mari qu'après le mariage.

C'était une maxime du médecin qu'aucune espèce de connaissance n'était à dédaigner. Il répondit après avoir un peu hésité devant le persiflage de Lawton :

— Je pense que non. Si la mort a anticipé sur les épousailles, je crains bien qu'il n'y ait aucun remède à cette usurpation.

— Je suppose, continua Catherine, qui n'avait compris dans la réponse du docteur que les mots *mort* et *épousailles*, je suppose qu'Harvey n'attendait que le décès du vieillard pour se marier, mais comme le colporteur n'a plus ni sou, ni pacotille, ni abri, il ne trouvera pas aisément une femme pour s'associer à sa misère. Qu'en pensez-vous, miss Peyton ?

Je ne m'occupe pas de ces matières, repartit la dame qui comprenait à demi-mot les vues inutiles et les regrets cuisants de Catherine Hagues.

Nous ne rapporterons pas l'entretien qui eut lieu entre les deux femmes et devant lequel Lawton s'était délicatement retiré. Après des pourparlers assez longs, il fut décidé que Catherine renforcerait le personnel des domestiques des *Sauterelles*, au cas où Harvey n'aurait plus besoin de ses services, et elle se retira pour aller savoir des nouvelles du colporteur et prendre les dispositions pour les funérailles qui devaient avoir lieu le jour même.

L'inquiétude avait guidé les pas de Lawton vers la chambre du capitaine Singleton. Le caractère de ce jeune homme dont le courage égalait la douceur lui avait valu des sympathies devant le corps. Dunwoodie l'affectionnait comme un frère, et Sitgreaves le chérissait pour sa soumission aux ordonnances de la faculté ; le chirurgien disait que Singleton était le meilleur et Lawton le plus mauvais malade du régiment qui avait à peu près en entier eu recours à lui une fois ou l'autre.

— Lawton, après avoir conversé quelques minutes avec son ami, se retira dans l'appartement voisin, Sitgreaves y était déjà.

— Approchez, Sitgreaves, dit l'officier en enlevant son habit, et administrez-moi les secours de la science, s'il vous plaît, mon vieil ami. Mon épaule ressemble par ses couleurs à l'arc-en-ciel.

— Vous avez raison, mais heureusement il n'y a pas fracture. Il est surprenant que vous en soyez quitte à si bon marché. Vous auriez dû vous laisser soigner dès votre arrivée.

— C'est probable.

— Oui, une saignée hier vous eût fait grand bien.

— Pas de saignée ! Je n'en veux pas.

— Il est trop tard maintenant, mais une dose de ricin chasserait les humeurs.

A cela, le capitaine ne répondit rien, mais il grinça des dents pour prouver que sa bouche était une forteresse qu'on ne prendrait pas sans peine, et le docteur expérimenté changea de conversation.

— Il est à regretter que vous n'ayez pas attrapé le coquin pour lequel vous vous êtes ainsi meurtri et exposé.

Le capitaine ne répondit rien. Et le docteur continua, en plaçant quelques bandes de toile sur l'épaule blessée :

— Bien que je n'aie pas souvent des idées hostiles à la vie de mes semblables, j'aurais grand plaisir à voir ce traître se démener après une potence.

— Je croyais que votre mission consistait à guérir plutôt qu'à tuer, dit le dragon avec dûreté.

— Oui, mais il a causé tant de malheurs par ses délations que j'oublie mes principes philosophiques quand il s'agit de cet espion.

— Vous ne devriez pas nourrir de pareils sentiments de haine, répliqua Lawton d'un ton qui surprit étrangement le docteur; celui-ci laissa échapper un rouleau de bandes qu'il tenait entre les mains, et regarda en face son interlocuteur, comme pour s'assurer de l'identité de son vieux camarade et se convaincre que c'était bien Jacques Lawton qui parlait ainsi.

— En thèse générale, vous avez raison. Vos bandages sont-ils bien posés.

— Très-bien ; je vous remercie.

Sitgreaves sortit pour aller visiter le colonel Wellmere.

Comme il priait Lawton de recommander à l'avenir à ses hommes de sabrer avec moins de furie, le capitaine répondit, en endossant de nouveau son habit, que ses dragons savaient bien leur métier puisqu'ils fendaient depuis le crâne jusqu'à la mâchoire.

XI

Sarah et Frances se promenaient devant la façade de l'habitation quand la plus jeune des deux sœurs distingua une voiture qui se dirigeait vers l'entrée du cottage. Les jeunes filles et mis Peyton, immédiatement prévenues, allèrent au devant de la calèche dans le fond de laquelle apparaissait un visage de femme.

La visiteuse était jolie ; elle avait des formes ténues et délicates ; ses yeux étaient grands et vifs, sa belle chevelure, d'un noir corbeau, n'était pas altérée par la poudre qui était encore employée par les élégantes de l'époque. Son teint était d'un blanc mât. Le docteur Sitgreaves, qui lui avait offert le bras pour descendre de voiture, comprit les regards anxieusement interrogateurs d'Isabelle Singleton, tel était le nom de l'étrangère.

— Votre frère est sauvé, dit-il, et il désire vous voir.

Isabelle leva les mains au ciel en signe de joyeux remerciments, et versa d'abondantes larmes de joie. Une fois la première émotion passée, elle demanda à être conduite à la chambre de son frère.

L'entrevue fut touchante, mais la jeune fille se contint afin d'éviter de trop fortes émotions au cher malade. Isabelle, en le regardant, trouva Georges dans un état moins grave qu'elle n'avait supposé, le tableau était moins sombre que les idées noires qui avaient traversé son imagination ; aussi passa-t-elle de l'abattement à une sorte de gaîté relative. Frances ne pouvait se défendre d'un sentiment d'admiration pour cette physionomie à la fois si correcte et si mobile dans ses expressions.

Le jeune homme embrassa sa sœur et jeta un tendre regard sur notre héroïne.

Où est Dunwoodie, Isabelle, demanda-t-il, ce Dunwoodie, cet ami toujours en quête de faire le bien. Après les fatigues de la journée d'hier, il a eu le soin de me donner une garde-malade dont la seule présence suffirait à ma guérison.

— Qu'entends-je ?

— Dunwoodie n'est pas ici ! je pensais le trouver au chevet de mon frère, s'écria avec un singulier accent la jeune fille étonnée.

Frances, ne comprenant rien à ce trouble, crut nécessaire d'intervenir :

— Il a des devoirs qui réclame sa présence ailleurs, dit-elle ; on prétend que les Anglais descendent le long de l'Hudson. Sûrement, il serait là si des obligations importantes ne le retenaient loin de son ami blessé. Mais, Isabelle, cet entretien vous a émue, vous tremblez comme une feuille de bouleau.

Isabelle ne répondit pas, mais elle étendit la main vers la table sur laquelle se trouvaient les boissons préparées pour le capitaine. Frances devina son désir et offrit un verre d'eau à sa compagne.

Celle-ci reprit :

— Sans doute, c'est son devoir. J'ai ouï dire, moi aussi, qu'une partie des troupes royales marchaient le long de la rivière. Toutefois, j'ai passé à deux milles de notre cavalerie.

— Sur quel point avançait-elle ? demanda Georges avec intérêt.

— Mais sur aucun, mon cher frère ; nos guerriers n'étaient pas en selle et se reposaient.

— C'est surprenant, reprit le capitaine qui ajouta en se retournant vers Frances.

— Oserais-je vous prier, mademoiselle, de faire appeler Lawton.

Frances défèra aussitôt à ce désir et le ramena quelques instants après. Le capitaine Lawton ne savait rien, il ne put donc rien apprendre au malade.

XII

Chez les Américains, les funérailles suivent de très-près le décès. La nécessité de pourvoir à sa propre sûreté obligea le colporteur à abréger encore le délai d'usage. Dans la confusion et l'agitation produites par les évènements dont il a été question précédemment, la mort du vieux Birsch avait passé presque inaperçue; cependant un certain nombre des plus proches voisins s'était réuni à la hâte pour rendre les derniers honneurs au mort. Le funèbre cortége rencontra dans sa route Sitgreaves et Lawton, le premier allait donner ses soins aux blessés du camp, le second avait fait ses adieux aux *Sauterelles* pour rejoindre son détachement.

Quatre hommes portaient la bière, et quatre autres marchaient devant, prêts à suppléer leurs camarades en cas de besoin.

Harvey, désolé, suivait le corps avec Catherine Hagues. M. Wharton et son fils venaient après, et derrière eux marchait un groupe de quelques vieillards, hommes ou femmes, et d'enfants désœuvrés.

Quand Harvey, levant les yeux, aperçut son ennemi qui, immobile sur sa selle, regardait silencieusement passer le convoi, sa première idée fut de fuir, mais rassemblant son énergie, il regarda fixement le cercueil paternel et passa d'un pas ferme devant le dragon. Lawton ôta lentement sa coiffure, et quand le lugubre défilé fut terminé, il continua son chemin sans adresser la parole au chirurgien qui l'accompagnait.

Le cimetière était placé sur les terres appartenant à M. Wharton et clos d'un petit mur; il était à proximité de la route, et le capitaine eut la velléité d'assister à la suprême cérémonie ; mais Sitgreaves l'arrêta au moment où il faisait mine de mettre ce projet à exécution.

— Des diverses méthodes adoptées pour nos dernières dépouilles, laquelle préférez-vous, capitaine Lawton? demanda le chirurgien.

— Dans quelques contrées, les corps sont exposés à la dent des bêtes sauvages; dans d'autres on les suspend en l'air où ils se décomposent; ailleurs on les brûle sur un bûcher; là on les ensevelit dans les entrailles de la terre. Chaque peuple a des usages qui lui sont propres. Auquel donnez-vous la préférence ?

— Toutes ces façons de procéder sont très-agréables, disait le capitaine, distrait par la vue du convoi qu'il venait de quitter. Et quelle est votre opinion là-dessus ?

— Notre pratique est la meilleure, car les autres rendent impossible toute dissection et en agissant comme on le fait en Amérique, les droits de la science sont respectés. Ah ! capitaine, je ne jouis pas assez fréquemment de cet avantage que je m'attendais à rencontrer en entrant dans l'armée !

— Combien de fois, par an, pouvez-vous satisfaire votre passion anatomique ?

— Une douzaine, au maximum, sur mon honneur !

— Et je vous en fournis plus que cela, à moi tout seul.

— Ah ! Jacques, vous défigurez tellement vos ennemis qu'on ne peut plus les utiliser, s'écria Sitgreaves avec un accent plein de reproche.

Lawton garda le silence, et le docteur, en tournant les yeux vers le cimetière, soupira tout bas : Si l'on avait le temps et si les circonstances étaient favorables, on pourrait ce soir posséder un sujet mort naturellement. Le défunt était sans doute le père de la femme que nous avons vu ce matin.

— Non, méchant docteur, c'était la domestique du trépassé qui était le père d'Harvey, le célèbre colporteur et le redoutable espion.

— Quoi ! celui qui vous a renversé de cheval ?

— Personne ne m'a renversé ; c'est mon coursier Rosanoko qui est la cause de l'accident, et tous deux nous avons fait une rude chute.

— Je regrette que vous n'ayez pu dépister la canaille qui vous a joué ce mauvais tour.

— Il accompagnait le cadavre de son père.

— Quoi ! vous ne l'avez pas arrêté ? Vite, volte-face, à vous de lui administrer la potence, à moi celui de le disséquer.

Lawton refusa de suivre le conseil.

— Cependant Birsch témoignait, par le grave recueillement de son maintien, le chagrin profond de son âme, et laissait à Catherine le soin d'une douleur plus bruyante.

Il y a des personnes qui ne peuvent pleurer que lorsqu'on les voit. Telle était la gouvernante.

Quand elle comprit que tout le monde la contemplait avec attention, elle versa des torrents de larmes qui attendrissaient les sensibles assistants. Quand la première pelletée de terre tomba sur la fosse avec ce son creux et solennel qui constate si éloquemment la fragilité de l'existence humaine, Harvey ressentit une terrible commotion ; les nerfs de son visage se contractèrent convulsivement, son corps s'affaissa, ses bras tombèrent inertes à ses côtés, ses doigts se crispèrent, et tous les muscles de sa figure reflétèrent les angoisses du pauvre affligé.

Mais, ce premier moment passé, Harvey se redressa, exhala un long soupir et regarda autour de lui ; on eût dit qu'il mettait à sa tristesse une certaine pudeur.

La fosse fut vite remplie : une pierre fut placée à chaque extrémité et l'exhaussement tumultuaire fut recouvert d'un gazon flétri qui s'harmonisait ainsi avec le deuil du tombeau. Alors tous se découvrirent et s'arrêtèrent devant Harvey, qui sentit plus que jamais son isolement sur la terre. Tête nue, et d'un accent plein d'hésitation :

— Mes amis et voisins, dit-il, je vous remercie de m'avoir aidé à enterrer celui que j'ai perdu.

Un silence solennel accueillit ce remercîment obligatoire en pareil cas ; le groupe se dispersa, et quelques-uns de ses membres reconduisirent Harvey jusqu'au seuil de sa demeure. Le colporteur et Catherine ne furent suivis dans l'intérieur que par un seul homme qu'on désignait dans la contrée sous le nom significatif de *spéculateur*. Catherine fut désagréablement impressionnée par la venue de cet individu, mais Harvey, qui, sans doute, attendait sa visite, l'invita poliment à s'asseoir.

Birsch jeta un coup d'œil rapide et inquiet sur la vallée, puis le dialogue suivant s'engagea :

— Le soleil va se cacher derrière les montagnes ; mon temps est pressé ; voici l'acte de vente de la maison et de ses alentours dressé conformément à la loi.

L'étranger prit le papier et le parcourut lentement. Il voulut se montrer prudent, et, d'autre part, son éducation très-négligée ne lui permettait pas d'aller vite en lecture.

Pendant ce temps Harvey réunissait les objets épars qu'il voulait emporter avec lui. Catherine, qui s'était déjà enquise si le mort avait laissé un testament, vit avec indifférence la Bible prendre place dans une balle neuve récemment confectionnée. Mais quand les six cuillers d'argent furent mis à côtés, la gouvernante ne pouvant plus se maîtriser s'écria :

— Lorsque vous vous marierez, Harvey, vous aurez besoin de ces cuillers.

— Je ne me marierai jamais, répliqua brièvement le colporteur.

— Cela n'est pas sûr ; d'ailleurs de quelle utilité tant de cuillers peuvent-elles être pour un homme seul ? pour ma part, je crois que c'est un devoir pour un homme aussi bien pourvu d'avoir une femme et des enfants.

Cette réflexion débitée avec une mauvaise humeur mal dissimulée passa inaperçue pour Harvey qui continua sa besogne.

Le *spéculateur* avait fini d'examiner le papier qu'on lui avait remis.

— J'ai quelques craintes, dit-il, au sujet de ce marché.

— Pourquoi ?

— J'ai peur qu'il ne soit pas valable ; je sais que deux voisins doivent aller demain matin demander la confiscation de vos biens, et en donnant quarante livres, je cours grand'chance de perdre cette somme.

— On pourra seulement prendre ce qui m'appartiendra ; or, versez-moi deux cents dollars, et ma maison sera vôtre. Vous êtes connu comme patriote et rien de fâcheux ne vous arrivera.

— Cent dollars, rien que cents dollars, et l'affaire est faite.

— Mais elle était déjà convenue quant au prix.

— Oh ! l'engagement n'est solide que lorsque l'argent est compté contre la remise des titres, fit observer le *spéculateur*, en ricanant.

— Vous avez le papier.

— Et je le garderai, si vous acceptez mes conditions. Va pour cent cinquante dollars ; tenez, j'ai juste les fonds sur moi.

— Consenties, dit Catherine, fascinée par l'appât des guinées anglaises étalées sur la table.

— Eh bien, c'est conclu ! répondit Harvey en prenant l'argent dont il mit une partie dans les mains de sa gouvernante.

— Si j'avais, ajouta-t-il, pu vous payer d'une autre façon Catherine, j'aurais tout perdu plutôt que de souffrir qu'on m'exploitât de la sorte.

— Vous pouvez tout perdre encore, dit l'étranger avec un accent railleur, et il s'éloigna.

— Oui, soupira Catherine. Maintenant que votre vieux est mort, vous avez besoin de quelqu'un qui veille sur vos affaires. Possédez-vous une autre maison ?

— La Providence m'en fournira une.

— Peut-être ne sera-t-elle pas à votre convenance.

— Les pauvres ne doivent pas faire les difficiles ; du reste, peu m'importe tel ou tel séjour ; tous les visages me sont étrangers.

En prononçant cette phrase, le colporteur laissa choir la pièce d'étoffe qu'il tenait à la main et s'assit brusquement sur un coffre.

— Oh ! repartit doucement Catherine en avançant sa chaise, est-ce que ma figure peut vous être étrangère ?

— Non, brave femme, vous me rendez justice, et au besoin, vous aventureriez peut-être quelques mots en ma faveur.

— Certes, je vous défendrais jusqu'à la dernière goutte de mon sang. Qu'est-ce que cela peut me faire que vous aimiez le roi d'Angleterre ?

Birsch souffrait beaucoup moralement ; il se mit à arpenter la chambre d'un pas fiévreux, en murmurant :

— Quand il vivait! un homme au moins lisait dans le fond de mon cœur. Au retour, pour me consoler des dangers et des peines, j'avais ses éloges et ses bénédictions. Mais il est mort ! Qui donc désormais me rendra justice ?

— Harvey ! Harvey! interrompit Catherine.

— Un seul homme, poursuivit le colporteur, et cet homme il faut que je le voie avant de mourir ! Oh ! c'est affreux de mourir et de laisser derrière soi une telle renommée. Je vous quitte avec peine, mon amie, mais j'y suis contraint. Le peu qui reste dans la maison vous appartient ; utilisez-le.

Et prenant son ballot sur ses épaules, il serra la main de Catherine en balbutiant avec agitation :

— Adieu, nous nous reverrons ailleurs.

— Oui, en enfer !

Au son de cette voix terrible le colporteur retomba désespéré sur son siège.

— Comment ! vous avez déjà une autre pacotille, et bien garnie encore, M. Birsch !

Ne m'avez-vous pas fait assez de mal ? s'écria le colporteur avec feu ; n'est-ce pas assez d'avoir troublé les derniers moments d'un mourant, de m'avoir dépouillé ensuite? Que vous faut-il de plus ?

— Votre sang.

— Comme Judas, vous voulez jouir du prix du sang.

— Un beau prix, mon gentleman ! cinquante guinées, presque le poids en or de votre vieille carcasse.

— Voici quinze guinées ; je vous les donnerai avec ces meubles qui m'appartiennent si vous accordez une heure d'avance à mon maître ?

— Une heure ? dit l'écorcheur hésitant.

— Rien qu'une heure !

— Arrêtez, cria Harvey ; méfiez-vous de ce misérable.

— Je tiens l'argent et je le garde ; pour vous, M. Birsch, votre insolence vous est pardonnée à cause des cinquantes guinées que votre arrestation me vaudra.

— Allons donc, dit le colporteur avec fierté, menez-moi vers le major Dunwoodie, il est peut être sévère, mais en revanche, c'est un honnête homme.

Je trouverai mieux sans aller aussi loin, ce Dunwoodie a laissé évader déjà un ou deux personnages amis des Anglais ; les troupes de Lawton ont leur quartier à un demi-mille plus près d'ici et son reçu sera aussi valable pour moi que celui du major. Que pensez-vous du plaisir que vous aurez de souper ce soir avec le capitaine Lawton ?

— Rendez-moi mon argent ou laissez Birsch en liberté, s'écria Catherine vivement alarmée par ce langage. Sans cela, je porterai ma plainte à la justice.

— La loi du territoire neutre est la loi du plus fort ; votre langue n'est pas aussi longue que ma baïonnette ; n'engagez donc pas la lutte, ou vous pourriez vous en repentir.

Parmi les écorcheurs qui se tenaient à l'entrée de la chambre, un homme cherchait à ne pas être aperçu, mais à la lueur du feu, Harvey reconnut l'acheteur de son maigre domaine et soupçonna qu'il avait été la dupe d'une entente entre ces deux scélérats. Récriminer aurait été inutile ; il sortit donc de sa demeure plutôt comme un triomphateur que comme un condamné à mort. En passant à travers la cour, le chef de la bande trébucha et tomba. Furieux de cette mésaventure, il se releva en criant : La nuit est trop sombre pour marcher ainsi, jetez ce brandon enflammé sur cette pile de liane ; nous y verrons mieux.

— Arrêtez ! hurla le spéculateur, arrêtez ! vous mettriez le feu à la maison !

— Il fera plus clair, répondit l'écorcheur en exécutant son projet.

En un clin d'œil, l'ha'itation fut en flammes.

— En route vers les hauteurs tandis que nous avons de la lumière pour guider nos pas.

— Brigand ! est-ce là la récompense que vous me donnez pour vous avoir livré le colporteur, s'écria le spéculateur en proie à une exaspération indicible.

— Ne vous mettez pas tant à la lumière si vous voulez continuer à nous insulter, car nous vous distinguons trop clairement pour vous manquer.

Profitant de cet avis, celui qu'il concernait prit la fuite et fut assez heureux pour ne pas être atteint par la balle qu'on lui destinait.

Catherine, dont l'aisance relative se changeait en pauvreté, conserva dans son chagrin assez de prudence pour s'esquiver.

XIII

Le temps qui avait été doux et clair depuis l'orage avait subitement changé, comme il arrive fréquemment sous le climat américain. Vers le soir, une fraîche brise souffla de la montagne et la neige tombant à flocons indiqua qu'il était venu ce mois de novembre qui tient à la fois du printemps et de l'hiver par la température variée et pleine d'alternations.

Le village des Quatre-Coins où campaient les dragons se composait d'une demi-douzaine de cases en assez mauvais état. Le plus imposant de ces édifices était, comme on disait alors « *une auberge où l'on logeait les voyageurs et leurs bêtes.* » Sur le bord de la route et suspendue à deux piliers qu'on eût pris pour deux poteaux était suspendue l'enseigne sur laquelle on lisait ces mots : « Hôtel tenu par Elisabeth Flanagan. » La respectable hôtesse était veuve d'un soldat mort au service et qui, né comme elle dans une île lointaine, était venu chercher fortune dans les colonies de l'Amérique du Nord. Elisabeth Flanagan était cantinière et blanchisseuse et suivait toujours l'armée. Elle entremêlait bien quelques trop nombreux verres de wisky à son patriotisme, mais, femme de ressources et de cœur, elle était aimée des soldats.

Dunwoodie, Sitgreaves, Lawton et le corps d'officiers étaient à table en la demeure d'Elisabeth et chantaient gaîment comme cela se fait parfois au dessert, quand on entendit un bruit extraordinaire à l'extérieur. Les dragons sautèrent sur leurs armes pour être prêts à tout évènement, mais la porte s'ouvrit sur les pas des écorcheurs qui traînaient le colporteur ployant sous le poids de son ballot.

— Lequel de vous est le capitaine Lawton? demanda le chef de la bande en promenant autour de lui un regard étonné.

— Qu'y a-t-il pour votre service?

— Je viens pour vous livrer un traître condamné, Harvey Birsch, ce colporteur-espion.

Lawton tressaillit, regarda en face son ancienne connaissance et se tournant brusquement vers l'écorcheur :

— Comment parlez-vous aussi librement de vos voisins? mais, pardon, voici le commandant (le capitaine désigna Dunwoodie), adressez-vous à lui.

— Non ; à vous je livre le colporteur et de vous je réclame ma récompense.

— Etes-vous Harvey Birsch? dit Dunwoodie en s'avançant d'un air si dignement sévère que l'écorcheur recula jusque dans un coin de la chambre:

— Lui-même, répliqua Birsch avec dignité.

— Traître à votre pays! savez-vous que je pourrais ordonner votre exécution pour ce soir même?

— Ce n'est pas la volonté de Dieu qu'une âme soit si brusquement appelée en sa présence, repartit le prisonnier avec solennité.

— C'est vrai, et vous vivrez encore quelques heures; comme votre crime est le plus odieux qu'un soldat puisse commettre, la punition doit avoir lieu en présence des troupes; vous mourrez donc demain.

— Comme Dieu voudra!

— Harvey Birsch! vous avez été déjà jugé; et il a été prouvé que vous étiez un ennemi trop dangereux de la liberté américaine, pour qu'on pût vous faire grâce.

— Prouvé!

— Oui, vous surpreniez, dans vos courses autour de notre armée, les moindres de nos mouvements, et vous en informiez l'ennemi, qui ainsi était en garde contre les manœuvres et les projets de Washington.

— Pensez-vous que Washington parlerait ainsi? dit Birsch avec un triste sourire.

— Sans aucun doute, car c'est la justice de Washington qui vous condamne.

— Non, non, non, s'écria le colporteur avec une expression étrange qui surprit Dunwoodie.

« Washington voit les choses mieux et de plus haut que tous les prétendus patriotes. N'a-t-il pas tout risqué sur un coup de dé? et si le gibet est dressé pour moi, ne l'a-t-il pas été pour lui aussi? Non, non, Washington ne dirait jamais en parlant de moi : « Menez-le à la potence! »

— Malheureux! avez-vous quelque chose à demander au commandant en chef et votre réclamation peut-elle être efficace?

Birsch tremblait sous la violence des émotions qui agitaient son cœur; sa face devint pâle comme celle d'un mort; il tira une boîte d'étain des plis de sa chemise, et l'ouvrit. Elle renfermait un papier qu'il présentait déjà à Dunwoodie, lorsque, se ravisant il retira vivement la main en s'écriant :

— Non, non, cela mourra avec moi, je connais les conditions de mon service et je n'achèverai pas la vie par une lâcheté.

— Donnez-moi ce papier, et vous pourrez peut-être mériter votre grâce, dit Dunwoodie, qui pressentait quelque découverte importante.

— Il mourra avec moi ! dit Birsch.

— Saisissez-vous du traître, s'écria le major, et arrachez ce billet mystérieux de ses mains.

L'ordre fut aussitôt exécuté ; mais le colporteur avala le papier avant qu'on eût pu l'en empêcher. Les officiers furent stupéfiés de l'énergie de l'espion.

— Je vais lui faire administrer de l'émétique, proposa le docteur.

— Arrêtez, reprit Dunwoodie, si son crime est grand, sa punition sera digne de lui.

— Allons, dit le colporteur, en posant son paquet et en marchant vers la porte avec une incomparable dignité. Allons !

— Où? demanda le major abasourdi.

— Au gibet.

— Non, répondit le commandant en reculant d'horreur. Mon devoir m'ordonne de vous faire exécuter, mais pas avec autant de précipitation ; vous aurez jusqu'à neuf heures demain pour vous préparer à mourir.

Lawton n'avait pas assisté à cet entretien ; il s'était éloigné avec les écorcheurs auxquels il devait remettre le prix de leur capture.

Dunwoodie donna des ordres à l'un de ses officiers et fit signe au colporteur de se retirer.

Un petit moment après, on n'entendait plus que les pas de la sentinelle montant la garde devant l'hôtel Flanagan.

XIV

L'officier auquel Dunwoodie avait confié le colporteur recommanda au sergent de service de veiller avec le plus grand soin, et prêchant peu d'exemple, s'allongea devant le feu en cédant aux charmes du sommeil.

Un rustique hangar s'étendait sur le derrière de l'auberge et à l'une de ses extrémités se trouvait une chambre choisie dès l'arrivée par madame Flanagan pour son domicile. La vivandière y avait logé tant bien que mal son mobilier à côté des bagages des troupes et des armes de rechange. Un factionnaire avait été préposé à la garde de ses trésors du côté du hangar, tandis qu'un autre soldat, posté derrière la maison, protégeait les chevaux des officiers et surveillait l'extérieur de l'appartement. Celui-ci n'avait d'autre issue que la porte et avait paru au sergent le lieu le plus propice pour déposer son prisonnier jusqu'à l'heure de l'exécution. Diverses considérations avaient pesé sur cette opinion : 1° L'absence de la vivandière, qui, assise devant sa cuisine, rêvait que l'armée américaine attaquait un corps ennemi et prenait ses ronflements pour le bruit des clairons virginiens sonnant la charge.

2° Le sergent, en homme pieux et austère, avait jugé que cet endroit solitaire et silencieux convenait à quelqu'un qui avait besoin de se recueillir avant de mourir. Le sous-officier avait environ cinquante ans et vingt-cinq passés dans le métier des armes. C'était un brave et fidèle serviteur, et un homme d'une grande austérité de mœurs et d'une piété exemplaire.

Il engagea avec Birsch un entretien sur les choses spirituelles et l'engagea à faire son examen de conscience, car rien ne pouvait le sauver.

— C'est vrai, s'écria Birsch; il est trop tard; j'ai anéanti la seule sauvegarde qui eût prouvé que je n'étais ni un pillard, ni un déserteur, ni un traître, mais il y a un homme qui rendra, du moins, justice à ma mémoire.

— Quelle sauvegarde? demanda le sergent avec un vif sentiment de curiosité.

— Ce n'est rien, répondit Harvey, revenu de son moment d'expansion et rentré dans son impassible contenance.

— De quel homme parliez-vous?

— De personne.

Le colporteur ne voulait évidemment pas s'expliquer.

— Rien, personne, tout cela ne peut pas vous servir beaucoup dans votre position, dit le sous-officier en se levant pour sortir. Couchez-vous sur la couverture de madame Flanagan et tâchez de prendre un peu de repos. Je vous appellerai demain matin, et, sur ma foi, je voudrais pouvoir vous être de quelque utilité, car il me répugne de voir un homme pendu comme un chien.

— Alors sauvez-moi de cette mort ignominieuse. Que ne vous donnerai-je pas en retour?

— Comment ?

— Voyez, dit Birch, en faisant briller des guinées ; ceci n'est rien auprès du trésor dont je vous gratifierai si vous voulez favoriser mon évasion.

— Quand vous seriez celui dont l'effigie est sur cette monnaie, je ne commettrais pas semblable crime. Allez, allez, pauvre malheureux, pensez à Dieu, qui peut seul vous venir en aide à présent.

Le sergent prit sa lanterne et se retira non sans manifester son indignation ; le colporteur, méditant sur le triste sort qui l'attendait au réveil, se jeta désespéré sur le matelas de madame Flanagan, tandis qu'Hollister donnait ses ordres au factionnaire chargé de la garde du hangar.

— Votre vie en dépend ; veillez donc sur votre prisonnier.
— Ma consigne, dit le troupier, m'autorise à laisser seulement circuler la vivandière.
— Bien, mais prenez garde que ce rusé colporteur ne se fourre entre les plis de ses jupons.

Un moment après le départ du sergent, le silence régna dans la prison d'Harvey dont la respiration bruyante annonçait qu'il dormait profondément.

L'espion n'était pas aimé des dragons et la sentinelle était désappointée de la placidité du sommeil de cet homme à la veille d'être exécuté.

Cependant, les réflexions du soldat furent troublées par l'arrivée de madame Flanagan se répandant en imprécations contre les domestiques des officiers qui l'avaient empêchée de dormir devant le feu. Le factionnaire essaya d'obtenir quelques explications, mais n'ayant pas réussi, il laissa rentrer cette femme furieuse dans la chambre sans lui expliquer qu'elle était habitée. On put entendre le bruit d'un corps tombant sur le lit, puis les ronflements du captif reprirent de plus belle.

Un moment après, pendant qu'on relevait la garde, Elisabeth reparut, et tourna ses pas vers la cour.

— Arrêtez, dit la sentinelle, en la saisissant par la robe ; êtes-vous sûre que l'espion ne soit pas dans votre poche ?

— Entendez-le ronfler dans ma chambre, mais à bas les mains, s'écria la vivandière en laissant entre les doigts de son interlocuteur une bouteille que celui-ci lui disputait. Je vais me plaindre au capitaine Lawton et le conduire ici pour réclamer justice. Gare à vous, pillard. Sur ce, aux rires du factionnaire, Elisabeth passa outre. Mais ni le capitaine ni la femme ne parurent durant la nuit ; ils avaient bien autre chose à faire, et rien ne troubla le sommeil de Birsch, qui, cela surprenait toutes les sentinelles, continua à manifester par ses ronflements combien peu le préoccupait la perspective de la potence.

XV

Les écorcheurs suivirent avec empressement Lawton vers la p rtie occupée par sa compagnie. Le capitaine, par son zèle patriotique, sa taille élevée, sa physionomie sévère, ses allures soldatesques et sa bravoure à toute épreuve, s'était créé une réputation exceptionnelle dans l'armée américaine, tandis que quelques actes de clémence ou, pour parler plus exactement, de justice éclairée, avaient valu à Dunwoodie le reproche de faiblesse.

Le chef des écorcheurs se trouvait donc plus à l'aise auprès de Lawton qu'auprès de son supérieur ; il supposait que le capitaine n'était pas bien loin de partager les vues de sa bande et qu'un accommodement serait plus facile avec lui. Mais la conversation ayant roulé sur le major André, le bandit patriote eut l'imprudence de dire :

— Ne pensez-vous pas, capitaine, que ceux qui ont pris le major André ont été des fous de ne pas le laisser s'évader?

— Des fous ! oui, des fous, s'écria Lawton en accompagnant sa réponse d'un rire amer. Le roi Georges les eût payés plus grassement que le Congrès, car il est plus riche. Mais, je remercie Dieu d'avoir aussi merveilleusement disposé l'esprit public. Les hommes qui n'ont rien agissent comme si la richesse des Indes dépendait de leur fidélité: tous ne sont pas des misérables comme vous, sans quoi il y a longtemps que nous serions redevenus les esclaves de l'Angleterre.

— Comment! grommela l'écorcheur, faisant un pas en arrière, et couchant en joue le capitaine. Serais-je trahi, êtes-vous mon ennemi ?

— Scélérat ! je te coupe le crâne en deux, si tu m'ajustes encore avec ton mousquet, dit l'autre en faisant tomber d'un coup de fourreau le fusil des mains du malfaiteur.

— Vous ne voulez donc pas nous payer ? demanda ce dernier, tremblant à la vue des dragons à cheval qui cernaient silencieusement la bande.

Lawton avait pris ses précautions.

— Vous toucherez votre prime, bandits, rassurez-vous, et elle sera considérable.

Voici l'argent que le colonel Singleton réservait à ceux qui livreraient l'espion. Bas les armes et comptez !

Le capitaine jeta aux pieds du chef des brigands-patriotes un sac de guinées.

Pendant que les écorcheurs se repaissaient de la vue de l'or et du son que rendaient ces belles pièces jaunes, quelques militaires enlevèrent furtivement les pierres de fusils des coquins cupides.

— Eh bien ! le compte y est-il ? avez-vous la récompense promise.

— Oui, capitaine, et avec votre permission nous allons partir.

— Pardon ! le tour de la justice est venu.

Nous vous payons pour avoir arrêté un espion, mais nous devons vous punir comme voleurs, incendiaires et assassins.

Emparez-vous d'eux, mes garçons, et, selon la loi de Moïse, donnez-leur quarante coups moins un !

Les dragons étaient bien disposés à accomplir cet ordre; en rien de temps ils furent saisis et liés aux arbres; cinquante branches furent coupées par les dragons et la flagellation commença. Les écorcheurs et leur chef surtout qui, en sa qualité de supérieur, reçut le plus de coups de verge, poussaient des cris à rappeler ceux des constructeurs de la tour de Babel, après la confusion des langues. Quand l'opération fut finie :

— Vous voyez, mes amis, dit le capitaine, nous pourrons traiter ensemble des affaires quand il y aura lieu. Si les marques que je vous laisserai ne sont pas des plus honorables, du moins elles seront méritées.

Le brigand ne répliqua pas, occupé qu'il était à préparer son mousquet et à hâter le départ de ses compagnons. Tout étant prêt, ils gagnèrent lentement les rochers au-dessus desquels s'étendait un bois épais.

La bande se retourna soudain et ajusta les dragons, à la lueur de la lune qui se levait, mais un éclat de rire accueillit cette démonstration ratée, et le capitaine s'écria :

— Je vous connaissais, scélérats, et j'avais fait enlever les pierres de vos mousquets.

— Vous n'avez pas pris celle que j'avais dans mon sac, riposta le chef, une détonation se fit entendre. La balle mugit aux oreilles de Lawton, qui secoua la tête d'un air moqueur.

Un des dragons avait remarqué les préparatifs de l'écorcheur que sa troupe avait laissé en arrière; il plongea les éperons dans le ventre de son cheval pour rattraper le brigand; celui-ci, qu'une courte distance séparait encore des rochers, abandonna son argent et son fusil pour accélérer sa fuite. Le soldat revint avec ses prises et les offrit au capitaine, mais Lawton les refusa vivement et dit à son subordonné de les garder jusqu'à ce que l'écorcheur vînt lui-même réclamer son bien.

Sur ce, la patrouille repartit et le capitaine retourna vers son quartier avec l'intention de se reposer. Une figure humaine se remuant rapidement à travers les arbres dans la direction du bois où les bandits s'étaient retirés apparut à ses yeux, et l'officier fut très-étonné de reconnaître à ses habits la vivandière. Que venait-elle faire en pareil lieu et à pareille heure?

— Vous, Elisabeth, lui cria-t-il, dormez-vous toute éveillée; ne craignez-vous pas de rencontrer dans ses pâturages favoris l'ombre de feu Jenny, votre vache?

— Ah, soyez sûr, capitaine, que ce n'est pas l'ombre de ma vache que je recherche. Je viens cueillir, sur les rochers, des herbes pour les blessés au lever de la lune et j'ai hâte de faire ma récolte, car bientôt leurs vertus curatives ne seraient plus si puissantes; le charme passe avec l'heure.

— Folle que vous êtes! vous feriez mieux de rentrer chez vous que de courir à travers les rochers; un faux pas suffirait pour vous faire casser le cou. En outre, les écorcheurs sont sur les hauteurs et s'ils vous aperçoivent, ils se vengeront sur vous de la correction dont je les ai gratifiés. Allons, rentrez au camp, vieille femme; voici le matin qui vient.

Elisabeth négligea ses conseils et continua sa route à travers les buissons.

Lawton, lui, regagna le camp ; quelques minutes après, il rentra dans sa chambre et se jeta sur son lit tout habillé et s'endormit profondément.

XVI

Pendant que son détachement était livré à un insouciant et paisible sommeil, Dunwoodie veillait, agité et inquiet.

Après avoir passé une nuit blanche, il se leva et sortit, espérant trouver quelque soulagement en respirant l'air frais du matin. Aux doux rayons de la lune succédait la clarté de l'aube, le vent avait cessé et les brouillards qui se dissipaient promettaient un beau jour d'automne. L'heure de lever le camp n'avait pas encore sonné, et il voulait laisser aux soldats tout le repos dont les circonstances leur permettaient de jouir.

Le commandant se dirigea vers le lieu où les écorcheurs avaient été châtiés ; il songeait aux embarras de sa situation et aux moyens de concilier son devoir et son amour. La position d'Henry Wharton était très-critique. Dunwoodie avait pleine confiance dans la pureté des intentions du jeune officier du roi ; mais rien ne garantissait que son opinion serait partagée par le conseil de guerre, et alors, avec l'exécution d'Henry, étaient anéantis les deux rêves que le fidèle Américain avait formés. Si Wharton était condamné, Frances ne serait jamais l'épouse de celui qui avait arrêté son frère. Dunwoodie avait envoyé une estaffette, le soir précédent, au colonel Singleton, qui commandait les postes avancés, pour l'informer de la capture du capitaine anglais ; il demandait des ordres au sujet de celui dont il affirmait l'innocence.

Le major était anxieux de connaître la réponse à ce message, il promenait ses grands pas dans le verger ; arrêté par les rochers qui avaient protégé les écorcheurs dans leur fuite, il se disposait à retourner sur ses pas quand une voix lui cria :

— Halte, ou la mort !

Dunwoodie aperçut au-dessus de lui, à une faible distance, sur la cime des rochers, un homme qui l'ajustait avec un mousquet. Bien que le jour ne fût pas encore bien levé, il reconnut, après un second examen et avec stupéfaction, que son interlocuteur n'était autre que le colporteur. Comprenant le danger qui le menaçait, mais dédaignant de fuir ou de demander merci, il répondit d'un ton ferme et assuré :

— Si vous voulez me tuer, faites feu ; car jamais je ne consentirai à me laisser prendre vivant.

— Non, major Dunwoodie, dit Birsch, en relevant son arme ; je n'ai l'intention ni de vous faire prisonnier, ni de vous tuer ?

— Que voudrais-tu donc, être mystérieux ?

— Votre estime : mon désir serait que tous les honnêtes gens me jugeassent avec douceur et sympathie.

— Le jugement des hommes paraît vous être assez indifférent, car vous semblez vous soucier peu de leurs sentences dont vous évitez les effets.

— Dieu dispose en son temps de la vie de ses serviteurs. Il y a à peine quelques heures j'étais votre prisonnier et le gibet se dressait pour moi ; maintenant vous êtes le mien, mais, major Dunwoodie, vous êtes libre. Près d'ici se trouvent des hommes qui useraient de moins de générosité que moi, et, je vous le demande, de quel service serait votre sabre contre une carabine maniée par une main sûre?

Suivez donc le conseil de quelqu'un qui ne vous a fait et ne vous fera jamais de mal. Ne vous aventurez plus seul et à pied sur les bords du bois.

— Avez-vous des camarades qui vous ont aidé à nous échapper et qui sont moins bien disposés que vous?

— Non, non, hélas! je suis seul et personne ne me connaît, si ce n'est Dieu et lui.

— Et qui? demanda le major avec un intérêt dont il ne put se défendre.

— C'est mon secret ; n'en parlons plus.

Vous, major Dunwoodie, vous êtes jeune, heureux ; près d'ici sont des personnes bien chères à votre cœur ; de grands dangers les menacent à l'intérieur et à l'extérieur ; augmentez vos patrouilles, redoublez de surveillance et surtout pas un mot sur notre entrevue.

Avec votre opinion sur mon compte, si j'en disais plus long vous soupçonneriez un guet-apens, mais souvenez-vous de mes avertissements et veillez attentivement sur ceux que vous aimez le plus.

Le colporteur déchargea son fusil en l'air et le jeta aux pieds de son auditeur étonné ; quand la surprise et la fumée se furent dissipées, celui-ci dirigea ses regard vers le rocher, mais le rocher était désert.

Le jeune homme fut tiré de la stupeur où l'avait plongé cette étrange scène par le trépignement des chevaux et le son des clairons. Une patrouille avait été mise en éveil par la détonation et avait donné l'alarme au camp. Sans entrer dans la moindre explication, le major retourna vite à son quartier, où il trouva l'escadron sous les armes, en ordre de bataille et attendant avec impatience l'arrivée de leur chef. L'officier chargé de ce soin avait fait enlever, par quelques soldats, l'enseigne de l'hôtel Flanagan, et le poteau était déjà planté pour l'exécution de l'espion. En apprenant que le fusil, probablement laissé par les écorcheurs dans leur fuite, avait été déchargé par le major lui-même, les officiers furent d'avis qu'il fallait en finir avec le prisonnier avant de se mettre en marche.

Dunwoodie fut informé par Lawton du châtiment administré aux bandits-patriotes, mais il se garda bien de révéler son entrevue avec Birsch.

Suivi par quelques-uns de ses officiers et précédé par le sergent Hollister, il se rendit à l'endroit où l'on croyait que le colporteur était détenu.

— Eh bien, monsieur, dit le major à la sentinelle; je suppose que votre prisonnier est en sûreté?

— Il est encore endormi, et il fait un tel bruit que j'ai eu grand peine à entendre les clairons sonner l'alarme.

— Ouvrez la chambre et conduisez-le ici.

L'ordre fut aussitôt exécuté, mais, à son grand étonnement, l'honnête vétéran trouva l'appartement en grand désordre; l'habit du colporteur et une partie des effets d'Elisabeth gisaient épars sur le plancher. La cantinière était livrée à un profond sommeil; elle était vêtue des mêmes vêtements que la veille; elle était coiffée d'un bonnet noir qui lui servait indistinctement soit le jour, soit la nuit. Le bruit des militaires qui entrèrent en témoignant leur surprise la réveillèrent.

— Est-ce qu'on vient déjeûner, dit vivement madame Flanagan?

vous me regardez comme si vous vouliez me dévorer ; un peu de patience, mes chers, et je vous donnerai un repas comme vous n'en avez jamais eu.

— Malheureuse! s'écria le sergent, oubliant à la fois son calme philosophique et la présence des officiers, vous mériteriez d'être rôtie toute vive pour avoir aidé ce damné colporteur à s'échapper.

— Qu'est-ce que cela signifie, monsieur le sergent ?

De quel damné colporteur est il question ? je pouvais, dans le temps, devenir la femme d'un de ces porte-balles et j'aurais mieux fait de me décider à accepter sa main que de suivre des dragons qui ne connaissant pas les égards dûs au beau sexe.

— Silence ! dit Dunwoodie, le cas exige une enquête sévère ; le captif ne pouvait sortir que si la sentinelle était d'accord avec lui ou absente de son poste ; mandez toute la garde.

Les hommes qui avaient, durant la nuit, rempli les fonctions de sentinelle étaient déjà parmi les curieux rassemblés autour de la prison vide de son prisonnier ; ils déclarèrent tous que personne n'était sorti. L'un d'eux convint qu'Elisabeth était passée près de lui, mais il se justifia en disant que les ordres permettaient à cette femme la libre circulation dans le camp.

— Vous mentez ! s'écria la vivandière ; pouvez-vous accuser une honnête femme d'être dehors à l'heure de minuit ; j'ai dormi toute la nuit aussi tranquillement qu'un enfant au berceau.

— Voyez, monsieur, fit observer le sergent en s'adressant respectueusement à Dunwoodie, il y a quelque chose d'écrit sur la Bible que j'avais prêtée au condamné pour se préparer à la mort.

Un des officiers lut tout haut le manuscrit ci-après : « Je certifie que si je parviens à recouvrer la liberté, c'est avec l'assistance de Dieu seul, à la divine protection de qui je me recommande humblement. Je suis forcé de prendre les vêtements de la femme, mais dans la poche de sa robe, madame Flanagan trouvera sa récompense. Harvey Birsch. »

— Comment, s'écria Elisabeth désolée, ce voleur a spolié une veuve! Major, qu'on s'empare de lui et qu'on le pende, ou il n'y a plus justice dans ce pays.

— Regardez votre poche, interrompit un auditeur égayé par cette scène.

— Une guinée ! mais c'est un galant homme que ce colporteur. Longue vie et bon commerce je lui souhaite. Puisse t-il, si jamais il est repris, se sortir encore heureusement du mauvais pas.

Le major s'étant retourné pour quitter l'appartement, aperçut le capitaine Lawton, silencieux et immobile et fut frappé de cette réserve extraordinaire.

Les deux chefs eurent un entretien particulier durant quelques minutes, après quoi Dunwoodie revint vers la garde et la renvoya à son poste accoutumé.

Hollister demeura seul avec Elisabeth, qui était en bonne humeur parce que l'indemnité laissée par Birsch payait et au-delà les méchants effets dont celui-ci s'était emparé. Le sergent s'efforça de persuader à son interlocutrice que l'espion n'était autre chose qu'un démon incarné, mais madame Flanagan répondit que le diable ne lui aurait pas donné une guinée, et, sur cette observation qui faisait crouler toute espèce de raisonnements, elle coupa court à la conversation pour vaquer aux soins du repas du matin qu'on lui réclamait de tous côtés.

Pendant le déjeûner, plusieurs exprès arrivèrent : l'un apportait des détails sur les forces et le but de l'expédition ennemie qui longeait l'Hudson ; un autre était porteur d'ordres enjoignant au major d'expédier le capitaine Wharton au premier poste américain, sous bonne escorte de dragons. Ces dernières instructions dont le ton précis équivalait à un ordre, achevèrent de troubler Dunwoodie. En songeant au désespoir et au chagrin de Frances, il fut cinquante fois tenté de se rendre aux Sauterelles, mais un sentiment insurmontable de délicatesse l'en empêcha. Pour obéir aux injonctions de son supérieur, il donna à un officier la mission d'aller prendre Henry Wharton au cottage et de le conduire à la place désignée. Il lui remit aussi une lettre dans laquelle il tranquillisait son ami et lui promettait de faire tout ce qu'il pourrait en sa faveur.

Lawton fut chargé de conserver la position avec une compagnie; et tandis que les blessés demeuraient sous sa surveillance et sa protection, le gros de l'armée s'avança vers l'Hudson. Dunwoodie, avant de partir, confia à un subordonné les avis du colporteur et tous deux essayèrent en vain d'en pénétrer le sens.

Le major ne put s'empêcher, en passant près de l'habitation de M. Wharton, de songer à celle qu'il aimait et se détournant de sa route, il poussa une reconnaissance du côté de la demeure de Frances. Au détour de la colline, il se trouva face à face avec la jeune fille qui, abattue par le départ de son frère, suivait d'un œil désolé l'escorte qui emmenait Henry.

Dunwoodie mit pied à terre et s'efforça de consoler son amie, mais celle-ci, toute à sa douleur, ne voulut rien entendre. Cependant au moment de se séparer, elle lui dit affectueusement:

— Adieu, Major Dunwoodie, n'exposez pas votre vie imprudemment, Dieu et la patrie vous en font un devoir,

XVII

Quelque temps après le départ des troupes, Lawton se promenait devant la porte de l'hôtel, maudissant le sort qui lui faisait des loisirs sans gloire, quand il fut rejoint par le chirurgien. Celui-ci, qui venait de passer l'inspection de ses blessés, logés assez loin du quartier-général, était profondément ignorant de ce qui s'était passé.

— Où sont les sentinelles, demanda-t-il au capitaine, et comment êtes-vous seul ?

— Tout l'escadron marche vers la rivière sous les ordres du major, et vous et moi nous restons ici avec Hollister et douze dragons pour garder des hommes malades et des femmes effrayées.

Le chirurgien ne s'associa point aux doléances de Lawton ; ce qui lui importait pour le quart d'heure, c'était de satisfaire son appétit.

Madame Flanagan n'ayant rien à lui offrir, Archibald Sitgreaves oublia sa faim, et déclara qu'il al'ait procéder sur le champ à une dissection anatomique.

— Et quel est votre sujet ? demanda gravement Lawton.

— Le colporteur !

— Il est parti !

— Parti ! et qui donc a été assez hardi pour me le dérober. J'avais recommandé à Hollister de disposer la potence de telle sorte que le cou ne fut pas disloqué par la chute, et je voulais doter les États de l'Amérique du Nord d'un squelette comme ils n'en possèdent pas. Mais qui a été assez hardi...

— Le diable, sûrement, dit Élisabeth.

Le capitaine expliqua d'une manière plus précise l'évasion de Birsch.

Doublement désappointé, Sitgreaves annonça qu'il partait pour les Sauterelles, afin de s'enquérir de l'état du capitaine Singleton. Lawton l'accompagna, et tous deux chevauchaient gaîment ; le docteur fredonnait même un couplet joyeux, quand le capitaine s'écria soudain :

— Silence ! qu'est-ce que ce bruit derrière ces rochers !

— L'écho !

— Écoutez, dit Lawton en arrêtant son coursier. Au même instant une pierre tomba à ses pieds et roula sur la route à quelques pas de là.

— Voilà un caillou qui n'a pas été jeté par une main mal intentionnée.

— Les coups de pierres ne produisent guère que des contusions, mais comme, à part nous, il n'y a personne ici, ce caillou est un aérolithe !

— Il serait facile à un régiment de se blottir derrière ces rochers, reprit Lawton en descendant de cheval et en ramassant la pierre. Mais voici l'explication du mystère.

Et ce disant, il déroula un papier ingénieusement roulé autour du petit silex et lut quelques mots ainsi conçus tracés en caractères peu lisibles.

La balle d'un mousquet peut aller plus loin qu'une pierre, et des ennemis redoutables sont cachés derrière les rochers de West-Chester. Votre cheval peut être bon, mais que ferait-il devant un précipice?

— Tu dis vrai, homme étrange, dit Lawton ; le courage et l'activité seraient d'un bien faible secours contre l'assassinat dans ces gorges étroites.

Remontant à cheval, le capitaine ajouta : Merci, ami inconnu, votre avertissement ne sera pas négligé, et je n'oublierai jamais que tous les ennemis ne sont pas indignes de pardon.

Une main maigre s'éleva un instant au-dessus du rocher et disparut aussitôt.

— Quelle singulière aventure, dit le chirurgien, et quelle lettre énigmatique !

— Oh ! c'est peut-être l'œuvre de quelque mauvais plaisant qui a voulu mystifier deux virginiens, mais, laissez-moi vous dire, monsieur Archibald Silgreaves, que vous vouliez disséquer un de vos semblables diablement honnête.

— Mais le colporteur est un des espions les plus notoirement enrôlés au service de l'Angleterre et je puis dire que j'aurais cru lui faire trop d'honneur en l'employant à l'usage de la science.

— Espion, il est possible qu'il le soit, mais il a un cœur aussi généreux que le meilleur de nos guerriers.

Le docteur regarda son compagnon avec un air légèrement étonné, mais celui-ci ayant remarqué des rochers qui s'avançaient sur la route, tournant autour de leur base, sauta à terre et se mit à escalader la colline. Il aperçut alors un homme qui fuyait rapidement à son approche, et eut vite disparu.

— Courez, Sitgreaves, courez, s'écria le troupier et tuez le scélérat qui se sauve.

Le chirurgien obéit aux injonctions de son camarade et aperçut à peu de distance un homme, armé d'un fusil, qui traversait la route et cherchait à se réfugier dans les bois les plus voisins.

— Arrêtez, mon ami, attendez un peu, s'il vous plaît, le capitaine Lawton.

A cette invitation, le fuyard redoubla de vitesse, et quand il fut parvenu sur la lisière de la forêt, déchargea son fusil sur le chirurgien. Lawton, un moment après, descendit de la colline, remonta sur sa selle et rejoignit son camarade.

— Par quel chemin est-il parti? Pourquoi ne l'avez-vous pas poursuivi? demanda-t-il avec fureur?

— Je ne suis pas un officier, et mon métier n'est pas de me battre. J'ai été gradé à l'Université d'Edimbourg comme chirurgien de dragons, et rien de plus.

Le capitaine, désarmé, se mit à rire, et les deux voyageurs arrivèrent aux Sauterelles. Personne ne se trouvait là pour les faire entrer, le capitaine entra dans l'appartement où, d'habitude, il était reçu. Le colonel Wellmere était assis à côté de Sarah, et ce couple causait avec tant d'animation qu'il n'entendit pas les nouveaux-venus. Sitgreaves s'approcha du colonel et lui tâtant aussitôt le pouls, s'écria : — Voilà des battements précipités et réguliers qui, avec la rougeur de vos joues et le feu de vos yeux sont des symptômes certains de forte fièvre. Le docteur sortant sa trousse, prit sa lancette.

Sous le coup d'une saignée imminente, Wellmere, revenant de

premier instant de surprise, se leva et répondit avec hauteur que jamais il ne s'était mieux trouvé de la vie.

— Et vous, mademoiselle, donnez-moi, s'il vous plaît, votre main : j'observe sur votre figure des symptômes qu'il ne faut pas négliger.

Sarah repartit :

Excusez-moi, monsieur, la chaleur m'oppresse et je vais aller prévenir miss Peyton, de votre double visite.

Sitgreaves, mécontent d'avoir pour la seconde fois offert en vain ses services à l'officier anglais, se dirigea vers la chambre du jeune Singleton où Lawton l'avait déjà précédé.

XVIII

Plusieurs jours se passèrent sans apporter aucun changement, soit aux *Sauterelles*, soit aux *Quatre-Coins*. La famille Wharton supportait avec un calme relatif le chagrin et l'inquiétude, car l'innocence d'Harvey était certaine, et il n'y avait pas à douter de la bienveillante entremise de Dunwoodie. Le capitaine Lawton attendait avec impatience des nouvelles de la guerre et l'ordre de quitter le poste où il ne pouvait exercer sa valeur, mais cette dernière espérance était au moins prématurée.

La lettre du major annonçait que, l'ennemi jugeant la partie inégale, s'était réfugié derrière les ouvrages du fort Washingthon, et se terminait par des félicitations adressées au capitaine pour son zèle et sa bravoure.

— Tout ceci est extrêmement flatteur, murmura le dragon; mais mon service de gardien ne me sourit pas. Qui dois-je surveiller, en effet ? un vieillard irrésolu dans ses opinions penchant un peu de notre bord, un peu du bord opposé ; quatre femmes dont une a passé la quarantaine, et dont les trois autres, assurément fort agréables, sont très-peu flattées de ma société ; deux ou trois nègres, une gouvernante bavarde et imprégnée de superstitions, et enfin le pauvre Georges Singleton. Au fait, un camarade qui souffre mérite qu'on veille attentivement sur lui.

Comme il terminait ce monologue, le troupier prit un siége et en étendant la jambe il renversa par mégarde le vase qui renfermait sa ration d'eau-de-vie. En relevant le broc, il remarqua sur le banc un billet qu'il ouvrit au plutôt. Il était ainsi conçu :

« La lune ne se lèvera qu'après minuit ; c'est un beau temps pour les œuvres de ténèbres. »

Ces lignes avaient été évidemment tracées par la même main qui avait avisé le capitaine de l'assassinat dont il était menacé. Lawton réfléchit longtemps sur les motifs qui pouvaient engager le colporteur à s'intéresser ainsi à un ennemi implacable.

— Peut-être, pensa-t-il, Harvey désire-t-il s'assurer mes sympathies, en cas de malheur. Toujours est-il qu'une fois il a épargné mes jours et qu'il les a sauvés dans une autre circonstance. Je serai aussi magnanime que lui, et puisse mon devoir ne jamais s'opposer à mes sentiments !

Comme le billet ne mentionnait pas si le péril menaçait le cottage ou les *Quatre-Coins*, le capitaine, indécis, pencha cependant pour la dernière supposition et se mit sur la défensive. Ses réflexions furent troublées par l'arrivée du chirurgien qui revenait de sa visite habituelle aux Sauterelles. Sitgreaves rapportait une invitation dans laquelle la maîtresse de la maison priait le capitaine d'honorer le cottage de sa présence à l'entrée de la nuit.

— Mais, ils ont donc aussi reçu une lettre là-bas?

— Je le crois ; un chapelain de l'armée royale est arrivé chez

M. Wharton, avec un ordre signé du colonel Singleton, pour l'échange des blessés anglais. Mais vite, capitaine, car le temps presse.

Le capitaine ne fut pas long à endosser son plus bel uniforme, et partit bientôt après avec Archibald, en destination des *Sauterelles*, qu'ils atteignirent à l'heure où les rayons du soleil couchant embrasaient la vallée d'un voile de pourpre et d'or. En un clin d'œil, Lawton fut au courant de ce qui se passait, et il avait à peine franchi le seuil de la demeure qu'il en savait plus long que le docteur n'en avait appris dans ses observations de tout le jour

Il salua la réunion avec une aisance cérémonieuse et se rapprocha, après que les compliments d'usage furent échangés, du chirurgien qui dans un coin cherchait à maîtriser son étonnement. Miss Peyton faisait les honneurs du salon avec une cordiale politesse; Frances était très-agitée, tandis que M. Wharton portait avec une gravité presqu'austère un magnifique habit de velours.

Le colonel Wellmere était en uniforme d'officier des gardes du corps. Isabelle avait revêtu des habits de fête ; mais sa physionomie ne reflétait pas la joie. Son frère, malgré sa faiblesse, se tenait à côté d'elle, le front rouge et le regard animé des feux de la fièvre.

— Que pensez-vous de ceci? demanda le docteur à son ami Lawton.

— Je dis qu'il est honteux qu'un ennemi, un héros de boudoir, nous enlève la plus belle fleur poussée sur notre sol.

Le chirurgien mettant le doigt sur son nez comprit enfin qu'il y avait eu un mariage en jeu.

— Si le futur est aussi désagréable comme marié que comme malade, je crains bien que sa femme n'ait une vie pleine de soucis.

— Tant mieux ! je le désire; puisse-t-elle avoir à se repentir de son choix puisqu'elle a accordé la préférence à un Anglais.

La conversation fut interrompue par miss Peyton, qui fit part aux deux causeurs du mariage de sa nièce avec le colonel Wellmere et ajouta que les fiancés se connaissaient depuis longtemps.

Le moment était arrivé où, selon les coutumes américaines, les vœux doivent être échangés. Sarah, rougissante, entra dans le salon, suivie par sa tante; Wellmere prit avec empressement la main qu'elle lui offrait, en détournant pudiquement la tête.

Tout le monde se leva, et le chapelain avait déjà ouvert le livre de prières, lorsqu'on remarqua l'absence de Frances qui s'était éclipsée. Miss Peyton fut à sa recherche et trouva sa jeune nièce pleurant à chaudes larmes dans sa chambre. Sur les instances de la vénérable demoiselle, la jeune fille concentra en elle-même son chagrin, et après avoir confidentiellement exprimé quelques doutes sur le sort qui attendait sa sœur, elle consentit à déguiser ses inquiétudes et à assister à la cérémonie.

Un incident imprévu s'était produit, et miss Peyton, à son retour au salon, en fut aussitôt informée par Sitgreaves. Le colonel avait négligé de se procurer un anneau, et sans ce bijou indispensable, toute bénédiction nuptiale devenait impossible. Le docteur, pour lever tout embarras, proposa d'envoyer chercher aux Quatre-Coins un anneau qu'il tenait de feue sa sœur, de regrettable mémoire. Sur un regard significatif de miss Peyton, le colonel accepta l'offre et remercia celui qui la lui faisait.

César fut désigné pour servir de commissionnaire; Sitgreaves traça à la hâte quelques lignes et les remit à César. Miss Peyton, par curiosité et aussi par sollicitude, jeta un regard sur l'épître rédigée sous cette forme originale :

« Si la fièvre a quitté Kinder, donnez à manger à ce malade. Faites bien attention à ce que la femme Flanagan ne porte pas d'alcool à l'hôpital. Renouvelez l'appareil de Jolmson et que Smith reprenne son service. Remettez au porteur l'anneau qui pend à la chaîne de la montre que je vous ai laissée pour noter l'intervalle des doses.

» A. SITGREAVES,

Chirurgien de Dragons. »

Allons aux *Quatre-Coins*, dit le docteur au fidèle noir, donnez ce billet au sergent Hollister ou à madame Flanagan qui vous confiera l'anneau. Allez et faites diligence.

Aussitôt César monta en selle et partit.

La nuit était sombre, mais en passant devant le cimetière, le cavalier put vaguement distinguer un homme qui gravissait les collines et semblait revenir du *champ des morts*. Cette vision effraya le pauvre César, qui, après une course rapide, arriva à l'endroit où les routes se croisaient et laissaient voir dans toute sa simplicité l'hôtel Flanagan.

Il mit pied à terre et frappa doucement à la porte.

A l'intérieur Elisabeth et Hollister s'entretenaient, tout en arrosant leur causerie d'excellent wisky du colporteur en qui le sergent voulait à toute force voir une personnification diabolique.

Au bruit que fit le nègre, le sergent sauta sur son sabre et vint ouvrir la porte le sabre nu. La vue de cet hôte n'était pas des plus rassurantes; mais la crainte même donna à César la force de s'expliquer.

— Avancez et remettez les dépêches dont vous êtes chargé. Mais arrêtez, avez-vous le mot d'ordre?

— Je ne vous comprends pas.

— Qui vous envoie?

- Le docteur du capitaine Singleton.

- Ah! le docteur Sitgreaves. Il n'a jamais connu lui-même le mot d'ordre. Approchez un peu, mon vieux, vous boirez avec nous.

Je ne suis pas de ceux qui croient que les nègres n'ont pas d'âme.

— Ils en ont une tout comme les blancs.

Je partage votre avis, dit Elisabeth; il n'y a pas de distinction de couleur dans le ciel, et il est raisonnable de penser que l'âme de ce noir est aussi blanche que la mienne ou même que celle du major Dunwoodie.

— C'est une bonne âme que le major, fit observer madame Flanagan ; n'est-ce pas, sergent?

— Oh ! oui, c'est un chef brave et généreux !

— Pourquoi alors êtes-vous ici inactifs, alors que tous les êtres qu'il aime sont en danger ? A cheval et en armes, au plus tôt rejoignez votre capitaine, ou vous arriverez trop tard.

Cette interruption inattendue produisit un instant de confusion. César se cacha sous la cheminée et Hollister l'y rejoignit, dès qu'il eut reconnu le colporteur. Seule Elisabeth ne bougea pas et remplissant un grand verre de wisky, la boisson favorite des soldats, elle le présenta à Harvey en lui disant : Soyez le bienvenu, M. le Colporteur ou M. Birsch, ou M. Belzébuth. J'ignore votre vrai nom, mais je sais que vous êtes un diable très-poli, et j'espère que mes vêtements vous auront plu. Entrez et prenez place au foyer. Le sergent Hollister n'est pas mal intentionné, car il craint quelque mauvais tour de votre façon.

— Pars, démon, il n'y a rien ici pour toi, s'écria Hollister en continuant à marmoter entre ses lèvres des imprécations et des prières.

— Fou que vous êtes, en armes et à cheval, et au secours de votre officier, si vous ne voulez pas déshonorer votre uniforme et si vous êtes digne de la cause que vous servez.

Après cet avis, Birsch disparut.

César avait reconnu la voix de son ancien ami.

La vivandière pressa Hollister de suivre les conseils du colporteur, mais le sergent fut long à se décider, car il voyait dans Birsch tout autre chose qu'un mortel.

Le mulâtre, qui avait porté à l'hôpital le billet du docteur, revint avec l'anneau ; dès que César eut le bijou en sa possession, il partit et, fermant les yeux, s'abandonna à la volonté de sa monture qui le déposa, encore tout agité et tout tremblant de ce qu'il avait vu aux Quatre-Coins, à la porte de l'écurie des Sauterelles.

Longtemps après, les dragons se mettaient en marche, et s'avançaient avec une prudente lenteur, comme s'ils avaient eu à redouter les attaques du diable en personne.

XIX

Le chirurgien, en recevant la bague des mains de César, ne put se défendre d'un mouvement de sensibilité, et, s'approchant de Sarah, il lui glissa l'anneau au doigt en disant :

— Prenez, madame, cet anneau de ma pauvre sœur morte, et Dieu fasse qu'il soit pour vous un emblême du bonheur dont vous êtes digne.

Wellmere présenta la main à sa fiancée, et la cérémonie commença. Tout d'un coup, au moment de la consécration, un homme se faufila parmi les assistants. Cet homme était le colporteur. Comment le colonel Wellmere peut-il perdre de précieux moments, dit-il avec une amère raillerie, quand sa femme a traversé l'océan pour le rejoindre. Les nuits sont longues ; la lune brille, dans quelques heures il pourrait être à New-York.

A cette interpellation si soudaine et si extraordinaire, Wellmere perdit momentanément l'usage de ses facultés. Quant à Sarah, l'attitude grave de Birsch ne lui causa aucune terreur, mais elle lut dans les yeux de l'homme qu'elle venait de se lier par serment, la terrible confirmation des paroles du colporteur ; le salon se déroba sous ses pieds, et la fiancée, indignement trompée, tomba évanouie dans les bras de sa tante. On la transporta dans la pièce voisine, et les hommes demeurèrent seuls dans le salon. Le colporteur avait disparu, et Wellmere était le point de mire de tous les regards.

— C'est faux, faux comme l'enfer. Je n'ai jamais admis ces droits, et les lois de mon pays ne m'obligent pas à les reconnaître.

— Et votre conscience et les lois de Dieu ? demanda Lawton.

— Ce n'est pas ici comme en Angleterre, dit Singleton, que soutenaient deux domestiques. Toute fille américaine a droit à notre protection et à notre concours pour venger les affronts dont elle est victime.

— C'est bien, monsieur, dit Wellmere en gagnant la porte ; votre situation actuelle vous protége, mais le temps peut venir...

Il était sur le seuil de la porte lorsque, se sentant frapper sur l'épaule, il se retourna et se trouva nez à nez avec le capitaine Lawton qui avec un singulier sourire l'invita à le suivre. Wellmere déféra à cette demande, et les deux militaires s'avancèrent jusqu'aux écuries.

— Ramenez-moi Roanoke, cria le capitaine. Le cheval fut aussitôt conduit auprès de son maître. Lawton retira les pistolets des fontes et dit :

— Si, ainsi que vous l'avez déclaré, Georges Singleton ne peut vous rendre raison, il s'en trouve d'autres pour prendre sa place. Voici des pistolets qui ont servi à mon père et qu'il m'a donnés pour que je m'en serve contre les ennemis de mon pays. Quelle meilleure occasion pourrais-je trouver de les utiliser que contre un misérable qui a trompé une de nos plus jolies demoiselles ?

— Cette injure aura sa récompense ! s'écria l'Anglais en saisissant l'arme qu'on lui offrait. Que le sang rejaillisse sur la tête du provocateur !

— Amen. Mais un instant, monsieur. Vous êtes libre maintenant, puisque vous avez dans votre poche les passeports signés par Washington. Je vous cède le premier tour ; si je tombe, sautez sur mon cheval, et fuyez vite pour éviter la fureur de mes dragons, et jusqu'à celle d'Archibald Sitgreaves.

— Etes-vous prêt, demanda Wellmere en grinçant des dents avec rage.

— Feu !

Wellmere tira, et la balle fit voler en pièces les fragments de l'épaulette de Lawton.

— Maintenant, à mon tour, dit celui-ci en visant son adversaire.

— Et au mien, ajouta un étranger en enlevant l'arme de l'officier. Par tous les diables, c'est le Virginien. Allons, mes enfants, avancez et emparez-vous de cette pièce inespérée.

Quatre écorcheurs se jetèrent sur Lawton, qui, grâce à sa force herculéenne, se débarrassa de leurs étreintes, enfourcha Roanoke et disparut, en essuyant le feu de la mousqueterie des bandits.

Wellmere et le domestique de Lawton avaient déjà pris la fuite, l'un pour donner l'alarme, l'autre vers les écuries où prenant un cheval, il s'élança sur la route de New-York.

Dans le tumulte et l'agitation du moment, la retraite de Wellmère et de Lawton n'avait pas été remarquée; prêtre et chirurgien prodiguaient leurs consolation à M. Wharton, lorsque la détonation des armes à feu leur annonça un nouveau danger. Quelques minutes plus tard, le chef des écorcheurs entra dans le salon avec un des hommes de sa bande, et voyant qu'il n'avait aucune résistance à redouter, procéda au pillage de la maison.

XX

Mais revenons au détachement parti des *Quatre-Coins* et qu'avait suivi avec sa charrette madame Flanagan, qui appréhendait de rester seule et était, d'autre part, ambitieuse de partager la gloire et l'honneur de l'expédition.

Le sergent causait, chemin faisant, avec la vivandière et lui avouait qu'il craignait d'être le jouet de quelque manœuvre diabolique, quand retentit dans la vallée le coup de feu tiré par Wellmere.

— Qu'est-ce que cela? s'écria Hollister; camarades, serrez votre front de bataille. Madame Flanagan, je suis obligé de vous quitter.

En prononçant ces paroles, il alla prendre la tête de la colonne avec un air de fierté militaire. Une décharge de mousqueterie ne tarda pas à troubler le silence de la nuit, et le sergent ajouta :

— Pressons le pas !

Quelques secondes après, on distingua le galop d'un cheval s'avançant ventre-à-terre. Hollister commanda à son petit corps de faire halte et marcha droit au cavalier, en criant d'une voix énergique :

— Qui est là ?

— C'est vous, Hollister, répondit Lawton; toujours à votre poste de combat, mais où sont vos hommes ?

— Ici, capitaine, et prêts à vous suivre.

— Bien, dit Lawton, et s'approchant des dragons, il les harangua, puis il reprit avec eux d'un pas rapide le chemin de la vallée.

L'escouade s'arrêta devant la porte des Sauterelles. Le capitaine mit pied à terre ainsi que huit de ses gens et dit à Hollister :

— Restez ici, vous garderez les chevaux, mais si quelqu'un essaie de passer, arrêtez-le ou taillez-le en pièces.

Il parlait encore que les flammes jaillirent des lucarnes et embrasèrent le toit de cèdre de l'habitation. Une vive lueur brilla à travers les ténèbres de la nuit.

— En avant, hurla Lawton, et n'accordez quartier que lorsque vous aurez fait justice.

En entendant cette voix, le chef des écorcheurs, tremblant de frayeur, laissa choir les dépouilles qu'il emportait, et s'apprêtait à sauter par la fenêtre lorsque le capitaine entra, le sabre au poing.

— Meurs, misérable ! s'écria le troupier en fendant en deux la tête d'un des bandits.

Le chef franchit la croisée et s'échappa ainsi à la vengeance de Lawton, et ses compagnons imitèrent cet exemple.

Tout occupées à prodiguer des soins à Sarah, ni miss Peyton, ni miss Singleton, ni Frances, ne s'étaient aperçues de la présence des écorcheurs quand les flammes de l'incendie qui détruisait tout sur son passage frappèrent leurs regards.

Miss Peyton et miss Singleton allèrent quérir du secours. Frances demeura seule auprès de Sarah. Bientôt un horrible craquement se fit entendre, le toit s'effondrait. Au milieu de la fumée et des décombres, Frances se sentit emportée par deux bras vigoureux qui la déposèrent sur la pelouse à côté de sa tante. La jeune fille reconnut dans son sauveur le capitaine Lawton ; elle tomba à ses genoux en criant :

— Sauvez ma sœur Sarah, sauvez-la, au nom du ciel.

Lawton disparut de nouveau dans le bâtiment embrasé ; mais à l'entrée il vit un homme qui soutenait Sarah évanouie. Il était temps de se sauver, car les flammes étaient totalement maîtresses de l'édifice.

— Dieu soit loué ! s'écria le sauveur de Sarah ; c'eût été une mort bien lamentable.

L'officier se retourna, et, à sa grande surprise, se trouva nez à nez avec le colporteur.

— Ah ! l'espion ! Par le ciel, vous me suivez comme un spectre.

— Capitaine Lawton, dit Birsch, je suis encore en votre pouvoir, car je suis trop fatigué pour fuir ou pour opposer résistance.

— La cause de l'Amérique m'est aussi chère que la vie, mais elle ne peut exiger de moi l'oubli des lois de la reconnaissance et de l'honneur. Fuyez, infortuné, car si mes hommes remarquent votre présence, je ne pourrais vous garantir de leur courroux.

— Que Dieu vous protége et vous accorde la victoire sur vos ennemis, répondit Birsch en serrant avec force la main du capitaine.

— Un seul mot, êtes-vous ce que vous semblez-être, un espion ?

— De l'armée royale.

— Pars donc, misérable, la soif de l'or a perdu un noble cœur.

A peine ces paroles étaient-elles tombées des lèvres de Lawton que le colporteur disparut dans les ténèbres.

Le capitaine, après avoir un instant fixé ses yeux dans la direction qu'avait prise son étrange ennemi, releva Sarah et l'emporta dans ses bras comme une enfant endormie.

Sarah avait le délire ; elle était folle.

Lawton confia la garde des *Sauterelles* à un piquet commandé par Hollister et donna des ordres pour que tous les habitants du cottage fussent transportés aux Quatre-Coins. Le voyage s'effectua heureusement. L'hôtel Flanagan était une demeure bien peu confortable. Des morceaux de planche ou des carrés de papier remplaçaient les carreaux de vitre. On installa Sarah pour le mieux, et Lawton recommanda à miss Singleton de veiller sur elle.

— Mon frère sera-t-il bientôt ici ? demanda Isabelle.

— J'entends le bruit de la charrette de madame Flanagan dans laquelle est Georges et qui formait l'arrière garde du convoi. Soyez certaine que Singleton aura été bien soigné par notre cantinière.

— Que Dieu récompense cette brave femme, mais qu'est-ce qui reluit là-bas au clair de lune ?

Le regard exercé du capitaine distingua vite l'objet désigné.

— C'est le canon d'une arme à feu, s'écria-t-il en courant de la fenêtre sur son coursi r qui était encore tout équipé sur le seuil de la porte. Mais avant qu'il eût fait un pas, un jet de lumière étincela, et l'on entendit le sifflement d'une balle. Un cri aigu sortit de la maison et le capitaine sauta en selle. Si prompt qu'eussent été ses mouvements, Lawton ne put rejoindre l'ennemi qui avait regagné les rochers.

Quand il rentra, Catherine Hagues, désolée, lui apprit que la balle qui lui était destinée avait frappé miss Singleton en pleine poitrine, et que la pauvre jeune fille était morte.

Georges Singleton manifesta le désir que les restes de sa sœur chérie fussent transportés au poste commandé par son père, vers lequel on avait dépêché un messager porteur de la funèbre nouvelle. Vers midi, Lawton avait terminé tous les préparatifs du départ, et était prêt à quitter avec ses hommes la position des Quatre-Coins, quand survint un cavalier de son escadron qui remit un pli au capitaine. Celui-ci reconnut l'écriture du major et lut ce qui suit :

« Les ordres de Washington sont que les habitants des Sauterelles soient dirigés vers les montagnes ; ils pourront communiquer avec le capitaine Wharthon à qui leur témoignage ferait autrement défaut dans le procès qui va s'ouvrir. Vous communiquerez ces instructions aux intéressés avec les plus grands ménagements, et lorsque la famille Wharthon sera en sûreté, vous rejoindrez notre régiment. Vos rapports doivent être désormais adressés au commandant de Peekskill, parce que le colonel Singleton quitte son commandement pour aller présider au quartier général du conseil de guerre qui jugera le pauvre Wharton. J'ai de nouveaux ordres pour faire pendre le colporteur s'il tombait entre nos mains, mais ils ne sont pas édictés par le général en chef. Donnez une petite escorte aux dames, et mettez-vous en route le plus tôt possible. Votre sincère, Peyton Dunwoodie. »

Cette communication modifia entièrement les arrangements antérieurs. Isabelle fut enterrée en un lieu isolé au pied des rochers d'alentour, et d'abondantes larmes arrosèrent la fosse bénie par l'Église. Les Wharton résolurent de partir sans aucun retard et confièrent leur propriété aux soins d'un voisin.

Les Anglais prisonniers furent conduits vers la mer où un navire les attendait.

XXI

Les chemins de West-Chester étaient, à l'époque, en fort mauvais état, mais la famille Wharton, toute à sa douleur, ne faisait pas attention aux cahots du carrosse que César conduisait de son mieux Sarah avait une folie moins violente, mais était d'une tristesse sombre. A la fin de la première journée de marche, les voyageurs s'arrêtèrent dans une ferme déserte, et, le lendemain, les blessés se dirigèrent vers l'Hudson, afin de s'embarquer à Peekskill; la litière de Singleton fut portée au quartier-général du colonel, son père. Quant au carrosse qui contenait la famille Wharton, et au chariot des bagages à la garde desquels Catherine Hagues était préposée, ils se remirent en route vers l'endroit où Henry était prisonnier.

Le pays situé entre la rivière et le détroit de Long-Island, commence par une plaine fleurie, mais, à mesure qu'on s'éloigne des bords de la mer, les accidents de terrain s'accentuent progressivement et viennent se confondre avec la chaîne de montagnes, limite du territoire neutre. L'armée anglaise commandait les deux rives de l'Hudson, et les Américains étaient maîtres des défilés.

La locomotion devenait pénible, et les dragons durent requérir deux chevaux étrangers pour soulager un peu l'attelage de l'ancien propriétaire des Sauterelles. Frances était descendue de la voiture pour respirer plus à l'aise l'air vivifiant qui se levait au moment où le soleil dorait l'horizon de ses derniers rayons. En société de Catherine, elle eut bientôt dépassé la voiture qui gravissait lentement la colline.

— Quel vilain temps que celui où nous vivons, s'écria l'ex-gouvernante de Birsch. Les nuages ont une teinte sanglante, et nous présagent ainsi de grands malheurs. Si je connaissais encore le motif de la guerre! On dit que le roi Georges s'opposait à ce que nous buvions du thé, et voulait tout notre argent. Si ce sont là les causes de la lutte, je les trouve raisonnables.

— Il en existe d'autres. Pourquoi nous soumettre à une métropole aussi lointaine?

— Harvey et son père faisaient souvent cette réflexion quand ils étaient seuls. Ah! Birsch est un homme incompris: comme le vent de la Bible, on ignore d'où il vient et où il va.

— Calomnies, calomnies! Harvey n'a pas vendu son âme au diable, sans cela il serait plus riche; mais il ne convoite pas la fortune.

— Je ne crois pas à son pacte avec le démon, fit observer Frances en riant, mais qu'y a-t-il de vrai dans l'autre accusation? Est-il un espion vendu à l'Angleterre?

— Je ne sais trop. Quand le général ennemi, Burgogne, capitula,

Harvey causa longuement avec le vieux Birsch sur un ton indifférent. Quand le major André fut pendu, le vieillard était agité et n'eut de sommeil que lorsque son fils fut de retour. Alors il était chargé de guinées ; aujourd'hui que les écorcheurs l'ont dépouillé, ce n'est plus qu'un misérable.

Le souvenir d'André fit songer Frances au sort qui attendait peut-être son frère. Elle ne répondit rien ; quand on eut atteint le haut de la montagne, elle s'assit pour contempler le paysage. Le soleil couchant lui permit de distinguer à travers les rochers une hutte basse et qui se serait complètement confondue avec les rochers granitiques qui l'entouraient, n'eût été le miroitement des vitres.

La jeune fille n'était pas encore revenue de la surprise qu'elle éprouvait de trouver une maison en un lieu aussi solitaire, lorsqu'elle vit se glisser dans la cabane un bossu qui, juché sur la pointe d'un roc, observait attentivement les voitures. Soit souvenir de la conversation qu'elle avait eue avec Cathorine, soit parce que la ressemblance existait réellement, Frances pensa que l'homme difforme était Harvey Birsch avec son ballot.

XXII

La famille Wharton arriva au quartier-général, la veille du procès ; elle était tellement rassurée par l'innocence de l'accusé qu'elle jugeait, moins bien que le jeune homme lui-même, la gravité de la situation. Une forte garde environnait la fe.me où Henry et ses parents étaient momentanément réunis, et plusieurs sentinelles gardaient les environs.

Le lendemain, le conseil de guerre était assemblé. Les trois juges qui le composaient avaient revêtu leur uniforme, et leur figure sévère s'harmonisait avec leur douloureuse mission. Le président seul avait une physionomie empreinte d'une grande bienveillance.

Henry Wharton fut introduit devant le tribunal. Il y eut un instant de pénible silence. Le colonel Singleton, encore tout bouleversé par la perte de sa fille, était presque hors d'état de remplir son devoir de président. Cependant, pour faire cesser l'attente générale qu'il lisait dans tous les yeux, il surmonta sa profonde affliction, et dit d'une voix pleine d'autorité.

— Faites approcher le prisonnier.

Les sentinelles relevèrent leurs baïonnettes, et Henry Wharton s'avança d'un pas ferme. Frances, en se retournant pour juger des sentiments de l'assistance, aperçut Dunwoodie dont l'attitude témoignait l'affectueuse anxiété. Dans le fond de la salle étaient rangés les gens de la maison et les serviteurs à face d'ébène parmi lesquels César Thompson.

— Vous êtes, dit le président, Henry Wharton, capitaine au 60me régiment d'infanterie de Sa Majesté britannique.

— Oui, colonel.

— J'aime votre franchise, monsieur, qui est digne d'un soldat, et ne peut que produire une bonne impression en votre faveur.

— L'accusation vous reproche d'avoir, vous, officier anglais, traversé à l'aide d'un déguisement, l'avant-garde de l'armée américaine, campée aux Plaines-Blanches, le 29 octobre dernier. Vous êtes soupçonné d'avoir agi ainsi pour nuire aux intérêts de la République, crime puni par le châtiment des espions.

En face d'une accusation aussi catégorique, des faits aussi précisés, des preuves aussi écrasantes, il semblait impossible que le prévenu parvînt à se soustraire à la rigueur des lois. Henry répliqua cependant avec assurance.

— Quant à avoir passé vos piquets, étant déguisé, je ne le conteste pas, mais...

— Taisez-vous, interrompit le président, ne fournissez pas des arguments contre vous.

— Le prisonnier peut rétracter, s'il le veut, cette déclaration, dit un des juges, car elle ne ferait que prouver sa culpabilité.

— Je ne rétracte rien de ce qui est vrai.

— Vos sentiments sont élevés, monsieur, continua le colonel Singleton, mais je regrette qu'un jeune officier ait poussé la loyauté jusqu'à consentir à des actes de perfidies envers les ennemis de son drapeau.

— De perfidie ! repartit Wharton, est-ce que la prudence ne me faisait pas un devoir de chercher à éviter la captivité.

— Un soldat, capitaine Wharthon, doit toujours attaquer l'ennemi ouvertement et les armes à la main. Dans mes cinquante ans de service, sous deux rois d'Angleterre comme depuis que je me suis rangé sous la bannière nationale, j'ai toujours abordé l'ennemi au grand jour et conformément aux règles de la guerre.

— Vous pouvez, dit un des juges, expliquer les motifs qui vous ont engagé à pénétrer, déguisé, sur notre territoire.

— Je suis le fils de ce vieillard qui est devant vous. C'est pour aller le voir que j'ai bravé le danger ; d'ailleurs, la contrée est rarement occupée par vos troupes et son nom de *terrain neutre* implique à lui seul que chaque parti peut le traverser à loisir.

— Ce nom n'est pas autorisé par la loi et a été donné à la contrée par les habitants eux-mêmes. Mais, en tous cas, quand une armée est en campagne, elle jouit de tous ses droits, et le premier de tous est celui de légitime défense.

— Je ne suis pas un casuiste, monsieur ; je sais seulement que mon père mérite mon affection, et pour lui donner des preuves de ma tendresse filiale, j'aurais affronté de plus grands périls.

— Ces sentiments vous honorent. Allons, le procès s'éclaircit.

Il se présentait assez mal au premier abord, je l'avoue, mais personne ne peut blâmer un fils d'avoir désiré embrasser ses parents. Pouvez-vous prouver que telle était votre unique intention ?

— Certainement, dit Henry, ranimé par un rayon d'espérance ; mon père, ma sœur, le major Dunwoodie le savent bien.

— Alors votre cause s'améliore ; faites approcher M. Wharton père et qu'il prête serment.

M. Wharton fit un effort sur lui-même et obéit aux injonctions du président.

— Vous êtes le père du prisonnier.

— C'est mon seul garçon.

— Que savez-vous, monsieur, touchant la visite qu'il fit à votre demeure le 29 octobre dernier ?

— Il était venu, comme il vous l'a raconté, voir ses sœurs et moi.

— Était-il déguisé ?

— Il ne portait pas le costume du 60me régiment.

— Avait-il une perruque ?

— Je crois que oui.

— Depuis combien de temps étiez-vous séparés ?

— Quatorze mois.

— Était-il vêtu d'une redingote en gros drap ?

— Il avait un par-dessus.

— Et vous pensez qu'il était venu seulement pour vous rendre visite.

— A moi et à mes filles.

— Je vois, dit le président en se penchant vers un de ses assesseurs, que ce garçon est un imprudent, mais qu'il n'avait aucune mauvaise intention. Savez-vous, monsieur Wharton, si votre fils n'était pas porteur d'un message pour sir Henry Clinton (le général en chef de l'armée anglaise) et si la visite qu'il vous a rendu n'était qu'un prétexte pour masquer sa mission secrète.

— Comment en serais-je instruit ?

— Connaissez-vous cette passe, ajouta l'un des juges, en montrant le papier saisi par Dunwoodie au moment de l'arrestation d'Henry ?

— Non, sur mon honneur, s'écria le père, non.

— Le jurez-vous ?

— Oui, monsieur.

— Avez-vous d'autres témoignages à invoquer, capitaine Wharton ; celui-ci ne peut pas vous être très-utile. Dans votre situation, vous devez, pour sauver votre vie, faire éclater votre innocence. Réfléchissez et prenez le temps nécessaire.

Ce juge parlait avec un ton si glacial que le prisonnier pâlit. Ce dernier garda le silence et adressa un regard significatif à Dunwoodie, qui se hâta de se rendre à cet appel muet.

Sa déposition qui ne fournissait à la cause aucun élément nouveau, fut écoutée avec attention, mais ne profita guère à l'accusé.

— Ainsi, dit le président, vous pensez que le prisonnier n'avait pas d'autres projets que ceux avoués par lui.

— Je le garantis sur ma tête.

— Le certifieriez vous par serment, demanda le juge dont les dispositions paraissaient bienveillantes.

— Je ne le puis ; Dieu seul lit dans les cœurs ; mais je connais ce gentleman depuis l'enfance, et la fourberie est incompatible avec son caractère.

— Vous avez dit qu'il vous avait échappé et qu'il avait été repris les armes à la main ?

— Oui, colonel ; il était même blessé ; il ne remue encore son bras qu'avec peine.

— Major, dit l'assesseur, vous avez agi en bon citoyen ; votre devoir était pénible à remplir, vous ne l'avez point éludé ; nous devons agir de même.

Quand Frances fut appelée à son tour pour déposer, un vif incarnat colora ses joues ; âles, un instant auparavant, et Henry, dont les espérances s'évanouissaient peu à peu, reprit un peu confiance.

Le Président se voila avec ses mains le visage, quelques minutes avant de procéder à l'interrogatoire de celle qui lui rappelait sa fille.

— Était-ce la première fois, mademoiselle, que votre frère se rendait aux Sauterelles ? Était-il déjà venu ?

— Oui, monsieur, trois fois.

— Je le devinais bien, messieurs, l'accusé est un fils qui s'est compromis par amour filial, mais c'est un loyal soldat. Quel déguisement portait-il ?

— Aucun, cela n'était pas nécessaire, les troupes royales couvraient le pays, et lui servaient de sauvegarde.

— C'était donc la première visite dans laquelle il avait quitté son uniforme.

— La première, je vous l'assure.

— Mais vous lui avez écrit pour l'engager à venir vous voir, sans doute, mademoiselle ?

— Nous désirions vivement avoir le plaisir de l'embrasser, nous demandions à Dieu cette faveur dans nos prières, mais pour ne pas compromettre notre père, nous n'avons jamais entretenu de relations avec l'armée royale.

— S'est-il, pendant son séjour, absenté de la maison, ou a-t-il communiqué chez vous avec quelqu'un du dehors ?

— Avec personne, si ce n'est avec notre voisin le colporteur Birsch.

— Avec qui ! interrogea le colonel en pâlissant. Dunwoodie poussa un gémissement, et quitta la salle d'audience en criant : Il est perdu !

Harvey Birsch ! répétèrent tous les juges.

— Vous savez, Messieurs, dit Henry, qu'Harvey est soupçonné de favoriser la cause royale, car il a été déjà condamné par vos tribunaux, au supplice qui est ma perspective à cette heure. C'est pourquoi je vous déclare que c'est avec son aide que je me suis procuré un déguisement et que j'ai passé vos avant-postes, mais jusqu'au dernier battement de mon cœur, je protesterai de mon innocence et de la pureté de mes intentions.

— Capitaine Wharton, dit le président avec solennité, les ennemis de la liberté américaine ont usé contre nous de violence et de subterfuges. Un des hommes les plus dangereux par ses rapacités et son adresse est le colporteur de West-Chester. C'est un habile espion.

— Je l'ai perdu, s'écria Frances en joignant les mains avec terreur ! l'amour filial est-il donc un si grand crime ? Washington, le noble, l'impartial Washington, jugerait-il ainsi les actes de mon frère ! Attendez la décision de Washington.

— C'est impossible ; nos ordres sont positifs, et nous avons déjà trop différé.

— Ramenez le prisonnier, dit un des juges à l'officier de garde Colonel Singleton, devons-nous nous retirer ?

— Singleton! Singleton, murmura Frances; alors vous êtes père et vous connaissez les souffrances du cœur ; vous ne pouvez, vous ne voudrez pas achever notre malheur. Écoutez-moi, colonel, comme Dieu écoutera votre suprême prière, et sauvez mon frère. C'est sous le toit de mon père que votre propre fils blessé et en danger de mort a été reçu et soigné, songez à ce fils, l'orgueil de vos cheveux blancs, et vous verrez si vous pourrez prononcer la condamnation de mon frère.

— Pourquoi fait-on de moi un bourreau ? s'écria le vétéran vivement attendri, mais je m'oublie, Messieurs, acquittons-nous de notre devoir.

— Au nom de votre fille qui a rendu le dernier soupir sur mon sein, colonel Singleton, grâce, grâce, je vous en supplie.

Le vieillard, en proie à une violente émotion, ne put contenir ses larmes ; il inclina sa tête sur laquelle avaient déteint soixante-dix hivers, sur l'épaule de la jeune fille qui implorait sa pitié.

— Que Dieu vous bénisse! lui dit-il, pour les soins que vous avez donnés à ma pauvre Isabelle. Puis, se retournant vers ses compagnons : Allons, messieurs, notre devoir d'abord. Quel est votre avis sur l'accusé ?

L'un des juges lui remit une sentence écrite qu'il venait de rédiger. En résumé, elle mentionnait que Henry Wharton avait été pris franchissant sous un déguisement et comme un espion, les lignes de l'armée américaine ; qu'en conséquence, conformément aux lois de la guerre, il était passible de la peine de mort. La cour le condamnait à la potence, et l'arrêt était exécutoire pour le lendemain avant neuf heures.

Il était d'usage, en des cas aussi graves, d'en référer au général en chef ou à son intérimaire. Comme Washington avait ses quartiers à New-Windsor, sur la rive ouest de l'Hudson, on pouvait, dans le délai accordé, recevoir sa réponse.

— Ce délai est très-court, remarqua le colonel en prenant

la plume pour signer. Pas même un jour pour se préparer à bien mourir.

— Les officiers anglais n'ont donné qu'une heure à Hale, répondit l'un des juges. Au reste, Washington peut ajourner l'exécution et gracier le condamné.

— J'irai le trouver, s'écria le colonel, et si mes vieux services et ceux de mon fils me donnent quelque crédit, je sauverai ce jeune homme.

La sentence de la cour fut communiquée au prisonnier avec tous les ménagements nécessaires.

XXIII

Dunwoodie attendit toute la journée avec une impatience mêlée tour à tour d'espoir et de crainte, la décision de Washington. Le courrier arriva enfin.

— Quelles nouvelles? lui demanda le major sans le laisser mettre pied à terre :

— De bonnes ! répondit le dragon, mais vous pouvez lire le pli que voici ; il est à votre adresse.

Dunwoodie s'élança tout joyeux dans la chambre du captif.

— O Peyton ! s'écria Frances, apportez-vous la nouvelle de la grace?

— Frances, Henry, mon cher cousin, ma tante Jeannette, voilà le pli tant désiré. En parlant de la sorte, Dunwoodie rompit le cachet, toute la famille écouta dans un religieux silence. O cruelle déception ! la lettre qui renfermait la sentence de la cour ne contenait que ces seuls mots :

« Approuvé. »
Georges Washington.

— Perdu ! perdu, s'écria Frances désespérée, en tombant dans les bras de sa tante.

— Mon fils ! mon fils ! dit M. Wharton en sanglotant, le pardon qui vous est refusé ici-bas, vous sera accordé là-haut. Puisse Washington n'avoir jamais besoin de la pitié qu'il refuse à mon fils innocent.

— Je ne suis pas surpris, dit Henry, de l'impitoyable justice de Washington, mais au moment de mourir, j'ai une demande à vous faire, Dunwoodie.

— Laquelle ! mon ami.

— Soyez le fils de ce vieillard, soyez son protecteur, et défendez-le contre les outrages que ma mort infamante va lui susciter.

— Je vous le promets.

— Soyez aussi l'appui de Sarah, la pauvre folle ; j'aurais voulu la venger, mais si près du tombeau, pareilles pensées sont coupables.

Quand Henry voulut ensuite mettre la main de Frances dans celle de Dunwoodie, il fut tout étonné de rencontrer la résistance de sa sœur, mais celle-ci ne voulait pas, en une aussi triste circonstance, songer à réaliser de bien doux rêves.

— Promettez moi, du moins, dit Henry, d'épouser, en des temps meilleurs, mon loyal ami.

— Je vous le promets.

— Merci, ma sœur, je su's satisfait.

— Il serait encore temps de voir Washington, dit miss Peyton ; je me rendrai moi-même auprès de lui, et sûrement il ne rejettera pas la prière d'une femme qui est sa compatriote et un peu son alliée.

— Pourquoi ne pas prévenir M. Harper ?

— Harper ! vous connaissez l'homme dont vous avez prononcé le nom, ma chère Frances !

— Il est resté chez nous deux jours et se trouvait là lorsqu'Henry a été arrêté.

— Et saviez-vous qui il était ?

— Nullement ; il arriva une nuit et demanda l'hospitalité contre l'orage, il sembla s'intéresser à Henry et lui promit son amitié.

— Comment ! il a vu votre frère ? s'écria Dunwoodie très-étonné.

— Sans doute puisque c'est sur sa demande qu'Henry quitta son travestissement.

— Mais il ne connaissait pas sa qualité d'officier dans l'armée royale ?

— Parfaitement, fit observer miss Peyton, car il avertit mon neveu des dangers qu'il courait.

— Que vous a-t-il dit et promis ?

— Il recommanda à mon frère de se souvenir de lui au moment du danger, ajoutant qu'il serait heureux de reconnaître en faveur du fils la bonne hospitalité du père.

— Mais alors vous êtes sauvé, car Harper ne manque jamais à sa parole.

— Mais a-t-il assez d'influence pour faire revenir Washington sur sa détermination.

— Qui le pourrait si ce n'est lui ? Rassurez-vous, le péril est dissipé.

Sans entrer dans de plus amples explications, le major sortit, et bientôt on entendit résonner les sabots de son agile coursier ; la famille inquiète discuta les probabilités du succès dans les démarches à tenter. Frances était appuyée contre la croisée.

De la fenêtre on voyait les flancs de la montagne au sommet de laquelle était une cabane cachée à travers les rochers escarpés. La base de la colline n'était pas distante d'un demi-mille de la maison, et l'attention de Frances fut tout d'un coup attirée par la figure d'un homme qui paraissait et disparaissait alternativement derrière un rocher d'une structure particulière. L'homme répéta plusieurs fois cette petite manœuvre comme pour examiner les mouvements du camp. Frances crut que c'était Birch et se mit à réfléchir sur le colporteur qui n'avait jamais été hostile à la famille, malgré la mauvaise réputation dont il jouissait.

Le major pénétra de nouveau dans la ferme. Son visage n'était ni triste, ni gai.

— Avez-vous vu Harper ? demanda Frances.

— Non, pendant que je traversais le fleuve, il en faisait autant de son côté, nous nous sommes croisés. Je suis revenu sans le moindre retard et j'ai suivi ses traces dans les montagnes pendant plusieurs milles, mais au passage de l'ouest, je les ai perdues. Je retournerai ce soir au camp et je rapporterai un sursis.

— Et Washington ? dit miss Peyton.

— Le commandant en chef a quitté son quartier, répondit Dunwoodie après un moment de rêveuse distraction.

XXIV

César avait été chargé par la pieuse maîtresse de la ferme d'aller quérir un prêtre pour aider Henry Wharton à bien franchir le redoutable passage. L'ecclésiastique qui se présenta dans le courant de la journée était un homme d'un âge déjà mûr; ses allures étaient raides, et secs aussi ses mouvements ; tout dans son physique dénotait le fanatisme et une grande violence de caractère. En entrant dans la salle où était le prisonnier et sa famille, le ministre du Seigneur se livra à des apostrophes qui scandalisèrent miss Peyton. Quant à M. Wharton, il s'était déjà retiré avec ses filles par discrétion. Resté seul avec le capitaine :

— C'est moi, dit Harvey Birsch en ôtant ses lunettes énormes et en montrant ses yeux qui brillaient sous de faux sourcils.

— Vous ici, Harvey !

— Chut ! dit le colporteur, ce nom, on ne doit pas le prononcer au cœur de l'armée américaine, il suffirait à faire pendre bien du monde, ce simple nom, et si j'étais pris, il me resterait bien peu de ressources de salut. L'aventure que j'ai entreprise en ce moment est très-périlleuse, mais il n'y aurait plus de repos pour moi, si je laissais mourir un innocent de la mort d'un chien, alors que j'ai encore des chances de l'arracher à ce misérable destin.

— Si vous risquez quelque chose, dit Henry, retirez-vous comme vous êtes venu, et abandonnez-moi à mon sort, Dunwoodie fait de puissants efforts en ma faveur, et s'il peut joindre cette nuit M. Harper, ma délivrance est certaine.

— Harper ! pourquoi pensez-vous qu'il vous rendrait service ?

— J'ai sa promesse. Rappelez-vous qu'il m'a promis, sans que je l'aie sollicité.

— J'entends, mais le connaissez-vous ? Tenez, à parler franc, si je vous manque, tout vous manque à la fois. Ni Harper, ni Dunwoodie ne peuvent sauver votre vie. A moins que vous ne fuyiez avec moi d'ici à une heure, vous serez pendu demain. Oui, telles sont leurs lois ; les hommes qui combattent, volent et tuent, sont considérés, mais un espion, même le plus honnête et le plus utile, est méprisé et meurt comme un vil criminel.

— Vous oubliez, monsieur Birsch, dit le jeune homme avec humeur, que je ne suis pas un lâche ou un traître comme un espion, et que je suis innocent des faits qu'on m'impute.

Le sang monta au visage pâle et défait du colporteur, mais cette rougeur s'évanouit vite, et Harvey répondit :

— Je vous ai dit la vérité ; j'ai rencontré ce matin César, et avec lui, j'ai arrêté le plan qui, bien exécuté, vous délivrera, mais vous perdra, dans le cas contraire. Je vous répète, d'ailleurs, qu'aucun pouvoir sur terre ne peut vous sauver. Washinghton lui-même échouerait.

— Je me soumets.

Birsch alla ouvrir la porte et enjoignit à la sentinelle de ne laisser pénétrer personne, afin de ne pas troubler le recueillement du pénitent.

Harvey referma la porte et prenant un sac que César lui tendait, il en retira un masque noir qu'il appliqua sur la face d'Henry.

— Le maître et le serviteur, dit-il, doivent, pour le moment changer de place.

— Jamais il ne sera aussi laid que moi, reprit le nègre en regardant son jeune maître en train de se déguiser.

— Attendez une minute, M. César.

Quand la toilette du capitaine fut achevée, le noir lui-même applaudit à l'exactitude de la ressemblance pour laquelle rien n'avait été négligé. La perruque de laine noire était si artistement frisée, qu'un observateur même attentif eût été dupe de la supercherie.

— Il n'y a qu'un homme dans toute l'armée américaine qui pourrait vous reconnaître encore, dit le colporteur satisfait de son œuvre, et cet homme ne sera pas sur notre chemin.

— Comment le nommez-vous ?

— C'est celui qui vous a fait prisonnier, mais il verrait votre peau blanche à travers le cuir d'un cheval. Maintenant déshabillez-vous tous deux et échangez vos vêtements de la tête aux pieds.

César, qui avait reçu dès le matin les minutieuses observations du colporteur, commença sur le champ à quitter ses effets grossiers que le jeune officier se disposa à mettre, non sans laisser percer quelque répugnance.

— Allons, César, posez sur votre chevelure moutonnouse cette perruque poudrée et dès que la porte sera ouverte vous vous mettrez à la croisée en ayant soin de ne pas souffler mot. Capitaine, passez l'habit, et surtout attachez-vous à bien contrefaire l'humble attitude d'esclave ; oubliez votre port d'élégant militaire.

Après ces recommandations, Birsch ouvrit la chambre et appela le factionnaire.

— Faites venir la fermière, dit-il avec un ton de gravité étudiée, et qu'elle arrive seule ; le prisonnier est dans les voies salutaires de la méditation, il ne faudrait pas le troubler.

Le soldat, après avoir jeté un coup d'œil dans la salle, obéit aux ordres de l'ecclésiastique, prévint la maîtresse de l'habitation qui se hâta d'accourir. Birsch lui demanda si elle avait chez elle un livre intitulé : *Les derniers moments du criminel chrétien* ou *Pensées sur l'Éternité* pour les personnes qui sont destinées à mourir de mort violente. Il vanta les vertus de ce livre dont la lecture pendant une heure était plus efficace qu'un siècle de prédications. Et comme la bonne femme lui répondit qu'elle ne possédait pas ce trésor :

— Faites, poursuivit l'ecclésiastique, préparer tout de suite un cheval pour ce noir qui va m'accompagner chez mon frère, et j'aurai encore le volume à temps. Frère, tranquillise-toi, tu es maintenant dans le sentier du salut.

César se remua un peu sur sa chaise, mais il se cacha le visage avec ses mains qui étaient recouvertes de gants.

Pendant que la dame du logis déférait à la demande de l'ecclésiastique, les conspirateurs restèrent livrés à eux-mêmes.

— Capitaine, j'ai promis à quelqu'un de vous sauver, dit le colporteur, et jamais je n'ai manqué de parole à cet individu.

A qui donc ?

— A personne.

Les chevaux étaient à la porte. Birsch et son compagnon descencandirent. Les dragons ayant entendu parler du caractère original du prêtre, s'étaient réunis dans l'intention de le tourner en dérision. Harvey, sans se déconcerter, répondit à leurs railleries et les harangua. Il fallut que le lieutenant Mason vînt rompre le groupe. Comme ses hommes, il se permit quelques plaisanteries à l'adresse du ministre des autels, mais celui-ci riposta avec assurance et finit par s'esquiver avec son camarade de noire physionomie.

Peu d'instants après, la sentinelle appelait à grands cris le caporal de garde. Le lieutenant Mason s'empressa de monter pour s'enquérir de la cause de ce bruit.

— J'avais toujours compris, dit le factionnaire, que la peur faisait pâlir et je trouve que le capitaine anglais est devenu noir; il tremble comme s'il avait la fièvre et il est plus gros qu'auparavant.

Le fait est que César, troublé par l'approche de Mason, qu'il avait entendu en bas, avait relevé sa perruque pour mieux entendre, oubliant que la couleur des oreilles le trahirait. C'est ce qui arriva.

— Qui es-tu, s'écria Mason en frappant la tête du vieux serviteur contre l'angle du mur. Où est l'Anglais, parle ou je te fais attacher à la potence à la place de l'espion.

— Grâce, grâce, je vais tout dire, balbutia César.

— Quel était ce prêtre ?

— Harvey, Harvey !

— Harvey qui ? vilain moricaud !

— Birsch, murmura le noir en tombant à genoux et en versant d'abondantes larmes.

— Harvey Birsch Aux armes ! aux armes ! et cinquante guinées pour la vie de l'espion colporteur. Pas de miséricorde et à cheval.

XXV

Le premier mouvement d'Henry avait été de presser l'allure de sa monture afin de terminer l'évasion par un coup de main et de sortir au plus tôt des tortures de la situation perplexe où il se trouvait.

— Arrêtez, dit le colporteur en prenant la tête de la marche.

Voulez-vous nous perdre tous deux ? Restez donc à votre place comme un nègre qui suit son maître. Ne voyez-vous pas les chevaux sellés et bridés rangés devant la maison. Pensez-vous que si vous étiez poursuivi par les Virginiens, ceux-ci n'auraient pas vite gagné du terrain sur votre mauvais cheval hollandais. Chaque pas que nous gagnons sans donner l'alarme est un jour de plus ajouté à notre vie. Mais, répondit Henry, tout en se résignant non sans inquiétude, César ne saurait tarder à être reconnu et n'aurions-nous pas avantage à prendre le galop et à gagner la lisière des bois avant que notre fuite soit ébruitée.

— Comme vous connaissez peu nos ennemis, capitaine. Tenez, voilà un sergent qui nous regarde d'un air soupçonneux, il met la main sur le pommeau de sa selle ; s'il monte à cheval, nous sommes perdus, car l'infanterie peut nous atteindre avec ses mousquets. J'aperçois là-bas quelque chose sur notre gauche, un objet digne de fixer votre attention ; tournez la tête et voyez. Henry tourna la tête et son sang se glaça jusqu'au cœur en contemplant la potence qui avait été dressée pour son supplice.

— Ce spectacle doit nous engager à la prudence, dit Birsch qui se livra au récit de ses aventures et des dangers auxquels il avait échappé, des amertumes de sa position et de son isolement.

— Nous avons franchi la dernière sentinelle ; et l'existence a pour vous quelque valeur, ne regardez pas derrière vous.

— Qu'apercevez-vous à la ferme, Harvey, demanda Henry au colporteur qui avait les yeux fixés dans cette direction.

— Rien de bon. Jetez votre masque et votre perruque ; vous aurez besoin, sans beaucoup tarder, de la liberté de vos mouvements. Les dragons montent à cheval, prenons le galop et suivez-moi, car si vous me quittez, vous êtes perdu.

La monture d'Harvey ne pouvait suivre celle de son compagnon qui ralentit sa marche.

— Pressez un peu votre bête, dit Birsch, nous serons bientôt hors de péril. Quelques instants plus tard, les deux voyageurs atteignirent le sommet désiré de la montagne, ils sautèrent à bas de leurs montures qui, fouettées par Harvey, se mirent à descendre la colline avec vivacité. Harvey et Henry entrèrent avec précaution dans le fourré en évitant de casser les branches. Ils entendirent bientôt passer et repasser les dragons auxquels Mason criait :

— Epargnez l'Anglais, mais finissons-en avec le colporteur ; qu'on le taille en pièces.

Une douzaine de dragons s'élancèrent à un galop que n'auraient jamais pu tenter les haridelles des fugitifs.

— En examinant la situation, elle nous est favorable, dit le colporteur; ils descendent et nous montons.

— Mais s'ils nous cernent, nous serons pris par la famine.

— Soyez sans crainte; les vicissitudes que j'ai endurées ont fait de moi un guide prévoyant et habile. Près d'ici, entre des rochers et des gouffres est un logis, où nous ne serons pas dérangés, je vous le promets.

— Les dragons retournent sur leurs pas, s'écria Henry.

— Montons un peu, nous les distinguerons mieux, répondit Harvey sans perdre son sang-froid. Ils nous ont aperçus et, tenez, ils font feu de leurs pistolets; mais, même pour un fusil, nous sommes trop loin.

— Hâtons-nous; ils vont venir.

— Et comment se démèneraient-ils dans ces bois avec leurs lourdes bottes garnies d'éperons, et leurs longs sabres. Il leur faudra aller quérir l'infanterie, mais pendant qu'ils se rendent au camp, allons nous reposer dans notre gîte.

Ainsi que l'avait dit Birsch, les dragons battirent en retraite, et il y eut conseil à la ferme pour prendre une décision. Miss Peyton et Frances, quoique non convoquées, on le pense bien, surprirent de leur fenêtre le résultat des délibérations. On avait arrêté d'envoyer une estafette à Dunwoodie pour prévenir le major de ce qui se passait; ce dernier était au reste attendu sous deux heures.

A la ferme, la famille Wharton s'était d'abord refusée à croire à l'évasion d'Henry; miss Peyton et sa nièce la regardèrent comme une imprudence, car elles avaient foi dans les démarches de Dunwoodie. Miss Peyton pensait que, selon toute probabilité, les fugitifs auraient atteint le territoire neutre. Frances, au contraire, ne doutait plus que l'inconnu qu'elle avait aperçu de loin ne fût Birsch, et elle était certaine que son frère se réfugierait dans la cabane mystérieuse des rochers pour y passer la nuit. Après une discussion animée, la tante consentit à laisser partir sa nièce et elle embrassa avec effusion Frances, qui allait donner à son frère le capitaine une bien touchante preuve d'amour fraternel.

XXVI

La nuit était noire et froide quand Frances Wharton, le cœur oppressé d'émotion, traversa d'un pas léger le jardin qui s'étendait derrière la ferme qui avait servi de prison à son frère et prit le chemin de la montagne où elle avait aperçu deux fois celui qu'elle supposait être le colporteur. Poussée par l'amour fraternel, elle franchit rapidement la moitié de la distance qui la séparait du rocher sur lequel, le matin, Birsch lui était apparu.

Les égards pour les femmes sont un indice de la civilisation d'un peuple, et personne ne les pousse plus loin que les Américains.

Frances ne redoutait guère les troupes de l'Est, mais elle avait moins de confiance dans les cavaliers du Sud. En entendant le bruit des sabots d'un cheval qui s'avançait au trot, elle se blottit derrière un massif d'arbre. La vedette passa tout près d'elle sans la remarquer, en chantonnant un air du pays. Dès qu'elle se fut éloignée, Frances sortit de sa retraite et s'avança, non sans quelque hésitation, à travers la plaine d'un aspect morne et silencieux.

Elle ne voyait aucune lueur sur le haut de la montagne et se demandait avec découragement si, au lieu de trouver la cabane, elle ne tomberait pas entre les mains d'inconnus, de malfaiteurs. Mais ne fallait-il pas détourner les plans qu'on préparait pour reprendre les fugitifs ?

Les ténèbres augmentaient à chaque instant et rendaient les objets de moins en moins distincts ; les nuages se groupant derrière la colline rendaient sa forme de plus en plus difficile à distinguer. Frances, à force de regarder, aperçut une lueur incertaine qui brillait à l'endroit où, selon les calculs de la jeune fille, se trouvait la cabane, mais au lever de la lune, jetant son manteau d'argent sur les chênes fantastiques disséminés sur les flancs de la montagne, l'illusion s'évanouit.

Frances hésita à continuer sa route ; d'un côté le but de ses efforts, c'est-à-dire le salut de son frère, la poussait en avant, tandis que la timidité de son âge et la présence d'obstacles sérieux à surmonter la faisaient reculer. Ayant jeté les yeux vers l'orient, elle distingua deux poteaux traversés par une barre horizontale à laquelle pendait une corde qui se balançait au gré de la brise de la nuit, au-dessus d'une grossière plate-forme. Elle comprit la destination de cet instrument ; sans tergiverser davantage, elle poursuivit courageusement sa route à travers les prés et fut bientôt rendue au pied des rochers.

Devant elle, s'offrit à sa vue un sentier qui serpentait sur les côtés abrupts de la montagne à travers les rochers. C'était un sentier de chèvre, mais mademoiselle Wharton, d'un pied sûr et léger et tout entière à ses pensées de dévouement, le gravit rapidement et parvint à une clairière d'où la pente était plus douce.

On voyait que ce lieu avait été travaillé jadis par la main des hommes, mais la guerre ou la stérilité du sol avait découragé les travailleurs aventureux, et déjà les ronces et les bruyères prenaient possession des sillons de cette terre inutilement défrichée.

Ces faibles vestiges de l'intervention des hommes rendirent à Frances un peu de force et beaucoup d'espérance. Le sentier bifurquait en deux directions différentes ; indécise, la demoiselle s'assit sur une pierre pour prendre une résolution. Au bas, dans le lointain, blanchissaient sur des lignes régulières les tentes de l'infanterie. Il y avait de la lumière dans la chambre de miss Peyton, et Frances supposa que sa tante tournait des regards inquiets vers la montagne. Des lanternes tournaient et retournaient autour des écuries ; pensant que les dragons allaient tenter une poursuite nocturne contre son frère, elle recommença son ascension et après avoir vaincu les difficultés qui naissaient sous ses pas, elle atteignit un second plateau et se mit à la recherche de la cabane.

Frances avait visité en vain tous les creux des rochers et, effrayée de cette solitude, elle se pencha sur la pointe d'un rocher qui faisait saillie, pour distinguer dans la vallée quelque signe de vie. Soudain un rayon de vive lumière l'éblouit et un air chaud la caressa de ses bouffées. Se remettant promptement de cette surprise, Frances reconnut droit au-dessous d'elle l'objet de ses investigations et de ses désirs. Un trou dans le toit servait de cheminée à un foyer tout pétillant.

On pénétrait sur le seuil de la demeure par un chemin taillé dans le sommet du roc. Trois côtés de ce singulier édifice étaient formés par des bûches empilées plus qu'à hauteur d'homme et enduites d'argile comme d'un crépit ; le quatrième avait pour clôture la montagne même.

Une seule fenêtre existait dans cette habitation, et encore les vitres étaient-elles soigneusement dissimulées sous une planche. Frances appliqua ses yeux à une crevasse pour examiner l'intérieur. Le vif éclat du feu remplaçait la lampe absente ; dans un coin se trouvait un lit de paille avec une paire de couvertures. Aux chevilles plantées dans les interstices de la palissade étaient accrochés des vêtements divers de tous les âges, de toutes les conditions et de tous les sexes. Les uniformes anglais et américains se coudoyaient paisiblement, au même clou pendaient une robe de calicot rayé et une perruque poudrée avec soin ; toute une paroisse eût pu s'équiper dans cette demeure. Dans l'angle du rocher et en face du feu on distinguait un bahut ouvert qui contenait une ou deux assiettes, un pot et les restes d'un dîner.

Une table éclopée, un tabouret, composaient tout le mobilier, à l'exception, cependant, de quelques ustensiles de ménage.

Mais l'attention de Frances se concentrait sur l'habitant de cette demeure.

Assis sur un tabouret, la tête appuyée sur ses mains, il était en train d'examiner quelques papiers et caressait la gaîne de sa belle et longue épée.

Sur la table était posée une Bible et une paire de pistolets d'arçon richement montés. L'étranger n'avait rien dans sa taille élevée et dans ses proportions athlétiques qui rappelât Harvey ou Henry Wharton. Son par-dessus, boutonné jusqu'au menton, se séparait sur les genoux comme pour laisser paraître une culotte de buffle et des bottes éperonnées.

Ses cheveux étaient rejetés en arrière et poudrés soigneusement. Il avait posé son chapeau rond sur le pavé de la hutte, comme pour laisser la table libre afin d'y étaler à loisir une grande carte de géographie.

Frances, surprise, ne savait si elle devait attendre ou se retirer, puisqu'au lieu du colporteur elle allait être en face d'un étranger; mais celui-ci ayant levé la tête, elle reconnut la figure à la fois énergique, calme et bienveillante d'Harper.

Tout ce qu'il avait promis à son frère, tout ce que Dunwoodie avait dit de sa puissance et de son crédit se présenta à l'esprit de la jeune fille qui, ouvrant la porte, se jeta au pied de l'ancien hôte des Sauterelles, en s'écriant:

— Sauvez-le, sauvez-le, rappelez-vous vos promesses et sauvez mon frère !

Harper s'était levé au premier bruit et avait instinctivement mis la main sur les pistolets, mais il reprit vite son sang-froid et, relevant le capuchon de la suppliante, il dit d'un ton plein d'étonnement :

— Miss Wharton ! Mais vous n'êtes pas seule ?

— Seule avec mon Dieu et vous, et, au nom de Notre-Seigneur, je vous conjure de vous souvenir de votre parole et de sauver mon frère.

Harper fit asseoir la jeune fille, qui répondit simplement et sans rien cacher à ses questions et lui expliqua le but de sa visite en pareil lieu et à pareille heure.

Il était difficile de pressentir les pensées d'un homme aussi maître de lui-même qu'Harper ; mais cependant, tandis que Miss Wharton parlait, il pouvait voir les yeux de cet homme s'animer et les muscles de son visage se détendre. Harper apprit surtout avec intérêt l'évasion d'Henry et sa fuite à travers les bois et sembla préoccupé des dangers que courait encore le fugitif. Frances ajouta :

— Nous pouvons compter sur l'amitié de Dunwoodie, mais le major est trop jaloux de son honneur pour oublier qu'il doit poursuivre mon frère. D'ailleurs, il pense qu'Henry ne sera pas en danger, grâce à votre intervention.

— Mon intervention ! répéta Harper en levant les yeux avec surprise.

— Oui, quand je lui ai eu rapporté votre langage amical, il nous a assuré que vous avez le pouvoir de faire gracier mon frère et que l'on pouvait compter sur votre parole.

— Est-ce tout ce qu'il a dit ? demanda Harper avec un peu d'embarras.

— Rien, et en ce moment, il est à votre recherche.

Miss Wharton, continua Harper avec une dignité mélangée de sympathie, il serait maintenant inutile de nier que je joue un certain rôle dans cette malheureuse guerre, entre l'Angleterre et l'Amérique.

Votre frère a pu s'échapper cette nuit, parce que je connais son innocence et je me souviens de mes promesses. Le major Dunwoodie est dans l'erreur quand il prétend que je puis ouvertement obtenir la grâce de votre frère. Je puis seulement engager vis-à-vis de vous ma parole qui est de quelque poids auprès de Washington, que j'emploierai tous les moyens pour empêcher que le capitaine soit repris. De votre côté, j'exige le plus profond silence sur cet entretien, que vous ne devrez révéler à personne sans ma permission.

Frances promit le secret demandé.

— Votre frère et le colporteur seront bientôt ici, dit Harper, mais je ne dois pas être vu par l'officier du roi, sous peine de compromettre la vie de Birsch.

— Jamais, s'écria Frances avec ardeur, Henry ne trahirait son sauveur.

— Ceci n'est pas jeu d'enfants, miss Wharton ; la vie et la fortune des hommes pendent à un fil, que la moindre circonstance imprévue peut rompre. Si Henry Clinton, le généralissime anglais, connaissait nos relations avec Birsch, ce pauvre homme irait droit à la potence. C'est pourquoi, soyez prudente et gardez le silence sur ce point capital. Communiquez à tous deux ce que vous savez et hâtez leur départ par vos instances. S'ils peuvent franchir les derniers postes de notre armée avant le jour, il m'incombera alors le soin d'éviter qu'on les poursuive. Une besogne plus glorieuse que la capture d'un ami attend le major Dunwoodie.

Tout en prononçant ces mots, Harper roulait sa carte et la mettait dans sa poche avec d'autres papiers. Il terminait cette opération lorsque retentit la voix du colporteur qui parlait plus haut qu'à l'ordinaire.

— Approchez, capitaine Wharton, et vous pourrez voir les tentes américaines au clair de lune. Mais qu'ils montent donc en selle, maintenant. J'ai un abri où nous irons à notre loisir.

— Où est-il ? Je confesse que je suis presque à jeun depuis deux jours, et que je serais heureux de rencontrer les provisions que vous m'avez annoncées.

— Hum ! dit le colporteur, ce brouillard me donne froid. Mais allez doucement et attention de ne pas glisser, car vous tomberiez sur les baïonnettes des sentinelles de la plaine, le rocher est pénible à gravir, mais on le descend beaucoup plus aisément.

Harper appuya un doigt sur les lèvres de Frances pour lui rappeler qu'elle devait garder le silence, prit ses pistolets et son chapeau, et se retira dans un coin de la chambre, passa derrière les vêtements suspendus au mur ; Frances vit qu'il se blottissait dans une cavité du rocher où étaient seulement déposés quelques articles d'usage domestique.

La surprise d'Henry et du colporteur à la vue de la jeune fille est facile à deviner. Sans attendre des questions ou des explications, Frances, le cœur oppressé, se jeta dans les bras de son frère et donna libre cours à ses émotions. Harvey semblait en proie à une vive inquiétude. Son premier regard fut pour le feu dans lequel flambait du bois tout sec ; il inspecta ensuite le tiroir de la table qui était vide, et sérieusement alarmé :

— Êtes-vous seul, miss Frances ? Comment avez-vous pu venir ici toute seule, demanda-t-il sur un ton très-brusque.

— Comme vous voyez, M. Birsch.

— Mais pourquoi êtes-vous ici, lui dit son frère étonné, et comment connaissez-vous ce refuge ?

Frances raconta sommairement les événements accomplis depuis le départ des deux fuyards, et exposa les motifs qui l'avaient faite agir.

Birch contemplait attentivement la jeune fille ; quand celle-ci eut achevé son récit, il frappa du pied avec impatience, et brisant un carreau avec le bâton qu'il tenait à la main :

— Ceci, s'écria-t-il, n'est ni un palais, ni même une maison confortable, mais à défaut de l'une, si j'y trouvais la sécurité, je serais satisfait. Miss Wharton, je suis pourchassé dans ces montagnes comme une bête fauve, mais quand je suis prêt de succomber de fatigue, je puis gagner ce réduit. Il est bien pauvre, bien misérable, mais je puis y reposer tranquillement ma tête. Voulez-vous donc me rendre l'existence encore plus pénible ?

— Jamais ! Votre secret sera bien gardé.

— Vis-à-vis du major Dunwoodie, vous me le promettez ?

Frances, à cette allusion, baissa la tête, puis relevant son visage empourpré par la pudeur, elle ajouta :

— Jamais ! jamais ! aussi vrai que Dieu entend ma promesse.

Le colporteur parut satisfait ; saisissant le moment favorable où Henry ne le regardait pas, il disparut et entra dans la caverne. Frances et son frère ne remarquèrent pas l'absence de leur compagnon et causèrent de la situation critique du capitaine. La jeune fille fit remarquer qu'il était urgent de se mettre en mesure d'échapper le plutôt possible aux soldats de Dunwodie, qui, par devant, était contraint de poursuivre son ami. Henry détacha de son portefeuille une page blanche sur laquelle il traça quelques lignes au crayon et la remit à sa sœur :

— Frances, vous avez prouvé cette nuit que vous étiez une femme incomparable. Si vous m'aimez, donnez ce billet à Dunwoodie sans l'ouvrir, et songez que deux heures de retard suffisent pour assurer mon salut.

— Je remplirai vos ordres, mais pourquoi perdre les moments précieux dont vous disposez actuellement ?

— Votre sœur a raison, interrompit Harvey, qui était rentré sans être vu. Partons, nous mangerons en route ; je suis approvisionné.

— Mais je ne puis laisser ma sœur ici, il faut que je sache la jolie créature hors de danger avant de m'éloigner.

— Que cela ne vous inquiète pas, dit Frances. Puisque je suis montée ici, je saurai en descendre. Puisque vous en doutez, c'est que vous ne connaissez ni ma force, ni mon courage.

— Oh! je vous connais à cette heure, si j'ignorais auparavant votre valeur exceptionnelle; mais, chère sœur, je ne me résoudrai jamais à vous abandonner en ces lieux.

— Capitaine Wharton, dit Birsch en ouvrant la porte, si vous ne tenez pas à l'existence, libre à vous de l'exposer; quant à moi, je n'ai que la vie en fait de bien, mais j'y tiens énormément. Allons, venez-vous, oui ou non ?

— Partez, partez donc, mon cher Henry, dit Frances en embrassant son frère avec effusion; souvenez-vous de notre père et de Sarah !

Sans attendre la réponse, elle poussa affectueusement dehors le capitaine et lui ferma la porte au nez. Après un court débat entre les deux hommes, l'opinion d'Harvey prévalut, et la jeune fille entendit les pas rapides des voyageurs sur les flancs de la montagne. Quelques minutes après, Harper reparut dans la chambre, prit en silence le bras de Frances et sortit avec elle de la cabane. Le chemin lui semblait familier, et sa compagne sentit qu'elle avait pour cavalier un homme au-dessus du vulgaire.

L'attitude résolue et les manières d'Harper accusaient une âme calme et énergique. Le couple atteignit promptement et sans encombre la clairière. Au détour d'un sentier était attaché à un arbre un cheval richement caparaçonné. La noble bête hennit et frappa le sol de son sabot quand son maître s'approcha pour remettre les pistolets dans les fontes de la selle.

Harper se retourna, et prenant la main de Frances, il lui dit :

— Vous avez, cette nuit, sauvé votre frère, miss Wharton. Ce n'est pas le moment de vous expliquer pourquoi je puis, jusqu'à un certain point, contribuer à sauver l'officier du roi, mais il est hors de tout péril si vous parvenez à retarder de deux heures le départ de la cavalerie virginienne. Après ce que vous venez de faire, je vous crois capable de tenter les grandes et belles actions. Dieu m'a refusé des enfants; si j'avais eu le bonheur d'être père, j'aurais désiré que ma postérité vous ressemblât. Vous êtes d'ailleurs ma fille, car tous ceux qui habitent cette jolie contrée sont de ma famille et de mes amis. Recevez la bénédiction d'un homme qui a l'espoir de vous revoir en des jours plus heureux.

La solennité du ton dont ces paroles furent prononcées toucha Frances jusqu'au cœur. Harper étendit les mains sur la tête de la jeune fille qui leva les yeux sur lui avec respect; son capuchon s'étant rabaissé exposa ses traits pleins de grâce virginale à la clarté de la lune. Deux larmes roulaient le long de ses joues.

Son compagnon déposa sur son front un baiser de père et ajouta :

— L'un de ces sentiers vous mènera à la plaine; nous allons nous séparer; j'ai loin à aller et beaucoup à faire; je vous en prie, ne m'oubliez pas dans vos prières.

Il monta à cheval, et saluant miss Wharton avec une exquise politesse, il disparut dans un chemin boisé qui ondulait sur le revers du coteau.

Frances, après avoir un instant réfléchi sur cette scène étrange, s'engagea dans un sentier qui la mena à la plaine dans quelques minutes. Durant sa course à travers les prairies, elle tressaillit en entendant des pas de chevaux. Blottie derrière une haie, elle se mit en observation et vit défiler des dragons dont l'uniforme n'était pas celui des Virginiens; ils passèrent au grand trot, suivi par un gentleman dans lequel elle reconnut Harper. Derrière lui étaient deux jeunes officiers et un nègre en livrée.

Au lieu de prendre la route du camp, le cortège obliqua à gauche du côté des montagnes.

Frances, tout en se perdant en conjectures sur la position élevée que semblait occuper l'homme mystérieux qui s'intéressait à son pauvre frère, regagna sa demeure sans être vue. Son voyage nocturne s'était heureusement accompli.

XXVII

En rejoignant miss Peyton, Frances apprit que Dunwoodie n'était pas encore revenu, mais qu'en vue de débarrasser Henry des importunités du prétendu fanatique, il avait sollicité le ministère d'un ministre établi sur l'autre rive de l'Hudson. Ce pasteur était arrivé et avait eu avec la vieille dame un entretien plein d'intérêt, mais sans aucun rapport avec les préoccupations de la famille. Les questions de miss Peyton touchant l'excursion romantique de sa nièce ne furent qu'à demi satisfaites, car la jeune fille dit seulement qu'elle avait promis de garder le silence et de recommander la même prudence à sa bonne parente. Un délicieux sourire de Frances rassura plus que les plus longs discours.

Miss Peyton pressait sa nièce de prendre quelques rafraîchissements et d'aller changer de toilette, lorsque quelqu'un entra dans l'appartement.

C'était le major. Il avait été rencontré par le courrier dépêché par Mason, tandis qu'en proie à de vives inquiétudes sur le sort de son ami, il attendait le retour d'Harper.

En entendant les pas de Dunwoodie, le cœur de Frances battit avec violence. Il manquait une heure au délai de rigueur indiqué par le colporteur pour consommer l'évasion.

Harper lui-même, si puissant et si bienveillant, avait déclaré qu'il était de la plus haute importance d'ajourner encore d'une heure le départ de la cavalerie virginienne.

Miss Peyton, avec la perspicacité inhérente à son sexe, se hâta de sortir, déclarant que sa présence n'était pas nécessaire.

Le major entra, les joues ruisselantes de sueur, et l'air tout désappointé.

— Votre frère est un imprudent, s'écria-t-il en se jetant sur une chaise, c'est même un ingrat de fuir au moment juste où je lui avais donné l'assurance qu'il ne courait aucun danger. Je suis presque tenté de supposer que vous vous plaisez à créer entre nous des points de divergence dans nos sentiments et nos devoirs.

— Il y a peut-être, en effet, une différence dans nos devoirs, mais point dans nos sentiments, Peyton, car vous vous réjouissez certainement de ce que Henry a échappé à la mort.

— Le danger n'était pas imminent.

Il avait la promesse d'Harper, et l'on ne doit pas douter de cette parole.

Oh! Frances! Frances! si vous connaissiez cet homme, vous n'auriez pas eu d'appréhension et vous ne m'auriez pas réduit de nouveau à une terrible alternative.

— Quelle alternative? interrogea la jeune fille, sensible aux émotions de son cousin, et heureuse de prolonger la conversation le plus possible.

— Quelle alternative? dites-vous. Ne suis-je pas forcé de passer la nuit en selle à la poursuite de votre frère, alors que je pensais dormir paisiblement sur mon oreiller, avec la satisfaction d'être pour quelque chose dans son salut. Vous me rendez en apparence votre ennemi, moi qui donnerais volontiers tout mon sang pour vous. Je le répète, Frances, votre frère a été aussi maladroit qu'audacieux, et il a commis une regrettable erreur.

— Pourquoi le poursuivre, mon cher Peyton, insinua affectueusement la jeune fille. Vous êtes un des loyaux serviteurs de l'Union mais votre pays peut-il exiger pareil sacrifice?

— Frances, miss Wharthon! s'écria le major en se levant soudain, les joues et les yeux animés par une violente émotion.

Ce n'est pas mon pays, mais mon honneur qui réclame ce sacrifice. Encore, si le prisonnier n'avait pas été confié à la garde de mon escadron, le cas eût été moins grave. Si les yeux des Virginiens peuvent être victimes de la ruse, ils ont des chevaux rapides et des sabres tranchants pour réparer leur déception. Nous verrons demain au soleil levant, si quelqu'un aura le droit de supposer que la beauté de la sœur a servi de garantie au frère. Oui, je pourrai répondre alors à quiconque sera tenté de me soupçonner de connivence dans la trahison.

— Peyton, mon cher Peyton, vous me glacez d'effroi; voudriez-vous donc tuer Henry.

— Je donnerais ma vie pour lui, reprit Dunwoodie avec douceur, mais avouez que je suis excusable de songer à la fausse position où son évasion me jette. Que pensera de moi Washington quand il rapprochera cette fuite d'Henry de notre mariage.

— Si tel est le motif de votre courroux contre mon frère, je puis vous promettre que le général en chef n'aura jamais à faire ce rapprochement.

— Et vous me consolez ainsi, Frances! s'écria le jeune homme.

— Je n'ai pas l'intention de vous faire de la peine ou de rabaisser vos services; mais n'exagérez-vous pas les conséquences de vos actions sur l'esprit de Washington.

— Je crois que mon nom n'est pas entièrement inconnu au général en chef.

— Vous n'êtes pas non plus si éloigné de lui que votre modestie veut bien le supposer.

— Je crois à la sincérité de votre commisération pour les souffrances que j'éprouve, mais il faut que je remplisse mon devoir. Je perds de précieux moments; nous avons à traverser les montagnes cette nuit en attendant le lever du jour. Mason est prêt à recevoir mes ordres. Frances, je vous quitte à contre-cœur. Ayez compassion de moi, mais ne craignez rien pour votre frère; il faut que je le capture de nouveau, mais le moindre cheveu de sa tête sera sacré.

Frances regarda la pendule; l'heure n'était pas encore complètement écoulée.

— Arrêtez, Dunwoodie, dit-elle, je vous en conjure; avant de remplir votre douloureuse mission, lisez ces quelques mots qu'Henry m'a laissés pour vous et qu'il a écrit à celui qu'il regarde comme un ami de sa jeunesse.

— Où avez-vous reçu ce billet? demanda joyeusement Dunwoodie, après l'avoir parcouru. Pauvre Henry! vous êtes un véritable ami, et si quelqu'un désire mon bonheur, c'est vous assurément.

— Il le désire ardemment; rapportez-vous en à ce qu'il vous dit.

— Je le crois, chère enfant, mais il s'en réfère à vous en dernier ressort. Puis-je compter sur la confirmation des paroles de votre frère?

— Oui, Dunwoodie, dit Frances, jetant sur l'officier le regard candide et enchanteur de l'innocence.

— Alors, lisez vous-même ce qu'Henry m'écrit, et prouvez-moi qu'il a dit vrai.

Frances lut avec étonnement la lettre, qui était conçue en ces termes :

« La vie est trop précieuse pour l'abandonner à l'incertitude. Je vous quitte, Peyton, à l'insu de tout le monde, si ce n'est de César, que je recommande à votre merci. Mais il y a un souci qui m'oppresse. Songez à mon père vieux et infirme.

» Il va être flétri pour le crime supposé de son fils. Songez à mes chères sœurs que je laisse sans protecteur.

» Prouvez-moi que vous nous aimez tous : que l'ecclésiastique que vous avez dû mander à mon intention, bénisse votre union cette nuit même avec Frances, et devenez ainsi à la fois un frère, un fils et un mari. »

La jeune fille laissa tomber le papier de ses mains et fixa le sol sans oser relever la tête, car la pudeur a ses exigences.

— Qu'en pensez-vous ! demanda Peyton de sa voix la plus tendre. Suis-je digne de cette confiance? Voulez-vous que j'aille ce soir à la recherche d'un frère, ou sera-ce l'officier du Congrès qui poursuivra un officier du roi d'Angleterre.

— Quand je serais votre femme, vos devoirs de soldats n'existeraient-ils pas aussi impérieux? Qu'y gagnerait la position d'Henry.

— Henry, je le répète, est sauvé. La parole d'Harper est une garantie ; mais je donnerai au monde le spectacle d'un mari assez fidèle à son pays pour arrêter le frère de sa femme.

— Cet exemple serait-il compris? murmura Frances, devenu rêveuse. Les circonstances donneraient à réfléchir. Il semblait difficile d'amener davantage la vigilance de Dunwoodie, et Harper avait déclaré lui-même qu'il ne pouvait rien en faveur d'Henry, si l'on ne gagnait pas un certain temps. Il est difficile d'analyser les émotions humaines, et surtout quand elles passent à travers le cœur d'une femme avec la rapidité de l'éclair sillonnant la nue. Frances se souvenait des paroles d'Harper et entrevoyait aussi la possibilité d'une éternelle séparation avec le major, s'il ramenait son frère au supplice.

— Pourquoi retarder, chère Frances, le bonheur de pouvoir vous protéger avec les droits d'un époux.

La jeune fille refusa le cadeau avec une indéfinissable expression d'inquiète impatience.

— Parlez, décidez-vous, car le temps presse, dois-je avertir ma bonne cousine?

Elle chercha à répondre, mais ne put balbutier quelques mots inintelligibles qui, conformément à une coutume immémoriale d'Amérique, furent pris par l'intéressé pour un consentement. Dunwoodie était déjà sur le seuil de la porte quand la jeune fille s'écria :

— Arrêtez, Peyton, je ne puis, avec une fraude sur ma conscience, contracter un engagement solennel. J'ai vu Henri depuis son évasion dont le succès est une affaire de temps. Maintenant vous connaissez la conséquence d'un retard, voici ma main, elle est à vous si vous ne la refusez pas.

— La refuser ! s'écria le major ravi, je la prends comme le plus riche présent du ciel. Il y a des temps pour tout ; dans deux heures, je serai dans les montagnes, et demain, à midi, je reviendrai avec le pardon de Washington pour Henri, qui pourra venir à notre noce.

— Alors, soyez ici dans dix minutes, et je prononcerai les vœux qui me livreront à vous pour toujours.

A la nouvelle de ce mariage improvisé, miss Peyton éprouva une grande surprise et aussi un petit déplaisir. C'était violer toutes les règles de l'étiquette que d'agir avec autant de précipitation et sans se préoccuper du decorum. Mais Frances, avec une respectueuse fermeté, déclara que sa résolution était prise, qu'elle possédait le consentement paternel depuis longtemps et que la noce n'avait été différée que sur son désir. Elle avait maintenant donné sa parole à Dunwoodie et elle voulait la tenir. Elle n'entra pas dans des explications qui auraient pu être dangereuses ou indiscrètes en ce qui concernait Birch et Harper. Miss Peyton chérissait tendrement sa nièce, elle ne fit donc que pour la forme quelques faibles objections victorieusement réfutées. Wharton ne crut pas pouvoir refuser sa fille aux sollicitations d'un officier aussi influent que Dunwoodie dans l'armée rebelle. La jeune fille rentra donc au salon accompagnée par son père et par sa tante; les dix minutes qu'elle avait demandées touchaient à leur fin. Le major et l'ecclésiastique étaient là. Frances, silencieusement et sans aucune réserve affectée, donna à son fiancé la bague de sa propre mère. Après s'être placé et avoir avisé à ce que M. Warthon le fût aussi, Miss Peyton laissa commencer la cérémonie. La pendule se trouvait droit en face de Frances qui lui jeta un coup d'œil anxieux; mais bientôt le langage solennel du prêtre appela l'attention de miss Wharton dont l'esprit fut absorbée par la gravité du vœu qu'elle allait prononcer. Au moment où s'effectuait la bénédiction nuptiale, dix heures sonnèrent. Le temps exigé par Harper comme condition unique du salut d'Henri était écoulé et Frances sentit son cœur dégagé d'un grand poids.

Dunwoodie embrassa dans une douce étreinte sa compagne bien aimée, accorda plusieurs baisers à miss Peyton et donna d'affectueuses poignées de main à M. Wharton et au pasteur.

Au milieu de ces débordements d'une joie bien légitime, deux coups se firent entendre à la porte, et le lieutenant Mason se montra sur le seuil.

— Nous sommes en selle, dit-il, et avec votre permission, nous allons prendre les devants. Vous êtes bien monté, et vous nous rattraperez à loisir.

— Oui, mon cher camarade, allez, mettez-vous en marche,

répondit Dunwoodie, heureux d'avoir un motif pour demeurer encore. Je vous rejoindrai à la première halte.

Le subalterne se retira pour exécuter les ordres, et fut suivi par M. Wharton et le ministre.

— Maintenant, Peyton, fit observer Frances, c'est un véritable frère que vous poursuivrez. Je suis sûre que je n'ai pas besoin de vous prier d'avoir des égards pour le prisonnier, si le malheur voulait qu'il retombât entre vos mains.

— Dites heureusement, s'écria le jeune homme, car je veux qu'il assiste à la fête. Je voudrais pouvoir le gagner à notre cause ; c'est celle de sa patrie, et je serais plus brave, Frances, ayant votre frère à mes côtés.

— Oh ! ne parlons pas de ces lugubres usages de la guerre.

— Soit, mais je suis contraint de vous quitter. Mason et ses compagnons n'ont pas reçu de moi d'ordres précis ; je pars donc bien vite pour revenir avec encore plus de célérité.

Le galop d'un cheval se fit entendre au moment des adieux et un officier entra bientôt après. Le major reconnut un des aides-de-camp de Washington.

— Major Dunwoodie, dit celui-ci après avoir courtoisement salué les dames, le commandant en chef m'a envoyé pour vous porter ces ordres. L'officier remit à son supérieur le pli cacheté et se retira aussitôt.

— Tiens, s'écria le major, nos affaires prennent une tournure favorable. Je comprends pourquoi Harper a reçu ma lettre, et déjà son influence se fait sentir.

— Avez-vous des nouvelles qui concernent Henry ?

— Ecoutez, chère Frances, et vous jugerez.

« Monsieur,

A la réception de la présente, vous concentrerez votre escadron de manière à vous trouver en face des troupes anglaises qui protégent les fourageurs, demain à dix heures sur les hauteurs de Croton où vous trouverez pour vous appuyer un détachement d'infanterie. L'évasion de l'espion anglais est parvenu à ma connaissance, mais son arrestation est sans importance à côté de la mission que je vous assigne actuellement. En conséquence, faites rallier les hommes que vous auriez envoyés à sa poursuite, et tachez de battre l'ennemi.

Votre obéissant serviteur.

Georges Washington.

— Je remercie Dieu, s'écria Dunwoodie, de n'avoir pas à prendre Henry, mon frère; je puis maintenant remplir mon devoir avec honneur.

— Et prudence, cher ami, ajouta Frances, pâle comme une morte. Rappelez-vous que derrière vous vous laissez une femme à qui vous avez juré aide et protection. Ne négligez pas les ordres de Washington, mais soyez prudent, mon bien-aimé.

Le jeune homme la contempla avec ravissement, la joie dans le cœur, et l'œil illuminé d'une chaste passion; puis après avoir retardé la minute douloureuse du départ, il s'arracha aux embrassements de sa tendre compagne. Miss Peyton prodigua à sa nièce affligée toutes les consolations dont elle était capable. Mais son long sermon sur les devoirs du mariage fut écouté avec plus de docilité que d'intérêt de la part de Frances.

Nous regrettons que l'histoire ne nous ait pas conservé cette précieuse dissertation; nos recherches sur ce point nous ont appris qu'elle avait trait principalement sur l'éducation des enfants. Nous quitterons maintenant les personnages du chapitre qui s'achève pour aller retrouver le capitaine Warthon et Harvey Birsch.

XXVIII

Le colporteur et son compagnon atteignirent bientôt la vallée, et après avoir un instant prêté l'oreille afin de s'assurer qu'ils n'étaient pas poursuivis, ils prirent la route des hauteurs. Accoutumé à la fatigue et connaissant les plus petits sentiers de la contrée, Birsch marchait en silence d'un pas rapide, qui est ordinaire aux gens de sa profession ; s'il eût eu sa balle, on aurait cru qu'il était dans l'exercice de ses fonctions habituelles. De temps en temps, lorsqu'il approchait des postes occupés par les troupes américaines, et ils étaient nombreux, il faisait un circuit pour éviter les sentinelles et s'engageait dans des fourrés qui paraissaient impénétrables ; le colporteur connaissait tous les secrets des ravins et les endroits où les ruisseaux pouvaient être franchis à gué. A deux ou trois reprises, Henri s'imagina que leurs efforts seraient inutiles, mais l'habileté et l'expérience de son guide venaient à bout de toutes les difficultés. Après trois heures d'une marche précipitée, ils abandonnèrent brusquement la route qui inclinait vers l'est et piquèrent en ligne droite vers le sud, dans le double but d'abréger la distance et d'éviter les nombreuses patrouilles qui circulaient à l'entrée méridionale des montagnes. Quand ils furent parvenus sur la crête des collines, Harvey s'assit sur le bord d'un petit ruisseau et ouvrant la valise qu'il portait en guise de pacotille, il invita son camarade à profiter des vivres qu'elle contenait. Henri avait suivi le colporteur dans sa course plutôt grâce à la surexcitation à laquelle il était en proie qu'à ses forces physiques. L'idée d'une halte lui avait déplu parce que la possibilité pour la cavalerie de couper la retraite aux fugitifs existait encore.

— Suivez mon exemple, capitaine Wharton, dit le colporteur en commençant son frugal repas. Si la cavalerie se met en route, elle nous gagnera quand même du terrain ; si elle n'est pas encore sortie, un autre travail se prépare pour elle, et cette besogne nous fera oublier d'elle.

— Vous avez dit vous-même qu'il était important pour nous d'avoir deux heures d'avance ; si nous nous arrêtons ici, à quoi nous servira l'avantage obtenu jusqu'ici.

— Les deux heures sont passées, et le major Dunwoodie pense peu à suivre deux hommes alors que sur les bords de la rivière des centaines de soldats l'attendront.

— Ecoutez, interrompit Henri ; voici des dragons qui passent au pied de la colline. Je les entends rire et causer. C'est la voie de Dunwoodie lui-même qui n'a pas l'air préoccupé. La position de son ami ne semble pas l'inquiéter. Frances ne lui aura, sans doute, pas remis ma lettre.

En attendant la première exclamation du capitaine, Birsch se leva, s'approcha de l'escarpement avec précaution et en se tenant dans l'ombre ; il regarda attentivement le détachement. Quand on n'entendit plus les sabots des coursiers retentir dans la plaine, il vint reprendre sa place avec un incomparable sang-froid.

— Vous avez encore beaucoup de chemin à parcourir, capitaine Wharton, vous réclamiez dans ma cabane de la nourriture, mais la marche semble vous avoir causé l'appétit.

— Je me croyais alors en sûreté, mais les informations que j'ai recueillies de ma sœur m'ont enlevé cette illusion et l'envie de manger.

— Vous avez moins raison que jamais de vous alarmer, puisque vous refusez les conseils qui assureraient votre salut. Le major Dunwoodie n'est pas un homme qui rirait si son ami était en péril. Venez donc; mangez, car aucun cavalier ne sera à redouter sur notre route si nous pouvons encore bien employer nos jambes quatre heures de plus avant que le soleil ne sorte de derrière les collines.

Il y avait dans l'attitude du colporteur tant de calme rassurant que le jeune officier se rendant aux instances d'Harvey, fit un souper tolérable, si la quantité peut tenir lieu de la qualité. Le repas achevé, le colporteur reprit sa marche et son camarade le suivit sans murmurer. Pendant deux heures, ils traversèrent les passages étroits et dangereux des montagnes où l'on ne rencontrait aucun chemin. La lune les éclairait de sa lueur tantôt brillante, tantôt voilée sous d'épais nuages flottant du firmament.

Enfin ils arrivèrent au lieu où les montagnes s'abaissant peu à peu, se réduisaient en élévations inégales où la culture primitive du territoire neutre remplaçait la stérile nudité des précipices.

Le colporteur redoubla de précaution pour éviter toute surprise de la part des détachements américains.

La lune s'était couchée, et un faible cordon lumineux ceignait l'horizon. Le capitaine Wharton s'aventura à avouer sa fatigue et demanda s'ils n'étaient pas encore parvenus à l'endroit de la contrée où l'on pourrait sans crainte solliciter l'hospitalité dans quelque ferme.

— Voyez-vous sur ce monticule près de nous, cet homme qui se promène sur le rocher, répondit Harvey : tenez, il regarde du côté de l'orient. C'est une sentinelle qui veille sur le sommeil de deux cent soldats anglais.

— Alors, rejoignons-les vite et nous aurons échappé à tous les dangers.

— Doucement, capitaine, vous avez déjà été pris par Lawton seul au milieu de trois cents Anglais ; regardez sur la colline opposée et vous verrez une masse noire. Ce sont les,... les rebelles, qui n'attendent que le jour pour disputer le terrain aux soldats du roi.

— Eh bien ! je vais partager la bonne ou la mauvaise fortune des troupes de mon prince.

— Vous oubliez que vous avez encore la corde au cou. Non, non, j'ai promis à quelqu'un que je ne veux pas tromper, de veiller sur votre vie et à moins que vous n'ayez oublié les peines et les risques que j'ai affrontés pour vous, vous me suivrez à Haerlem.

Le jeune homme se rendit à cet appel quoiqu'à regret. Ils se dirigèrent donc vers la ville en gagnant les bords de l'Hudson. Après un instant d'investigation le long des rives à pic, le colporteur découvre une barque qui était pour lui une vieille connaissance ; il y sauta avec son compagnon, et quand ils furent sur l'autre rive au sud de Croton, Birsch déclara qu'il n'y avait plus rien à craindre. Les troupes royales étaient campées en ces parages.

Pendant cette expédition aventureuse, le colporteur avait montré un sang froid et une présence d'esprit qui ne s'étaient jamais démentis. Toutes ses facultés semblaient avoir une perfection extraordinaire et bien au-dessus des infirmités de l'humaine nature. Henri s'applaudissait de s'être laissé conduire par lui comme un enfant en litière. Il leur fallut encore exécuter une courte mais laborieuse ascension pour atteindre les hauteurs qui forment dans cet endroit les rivages orientaux de l'Hudson. Le colporteur s'abritant à l'ombre d'une touffe de cèdres, s'assit sur un rocher et annonça à son compagnon que l'heure du repos était enfin sonnée. Le jour s'était levé, et l'on pouvait embrasser la campagne d'un regard scrutateur.

Dans le bas, l'Hudson coulait en ligne directe vers le sud; au nord les pics des montagnes perçaient les masses de brouillard flottant au-dessus des eaux et indiquant ainsi le cours de la rivière qui traverse les collines. A voir les sommets coniques des monts tantôt groupés ensemble, tantôt entassés l'un derrière l'autre, on était porté à supposer que leur désordre provenait de leurs efforts considérables mais infructueux pour arrêter les progrès des flots. En quittant les amas confus, la rivière, comme pour se réjouir de sa victoire, s'étendait dans une large baie ornée de petits caps fertiles. Sur la rive occidentale, les rochers de Jersey affectaient cet agencement qui leur a mérité le nom de *palissades*, et formant une barrière, protégeaient la contrée féconde de toute invasion des eaux. Mais dédaignant ces digues ayant plusieurs centaines de pieds de hauteur, le fleuve poursuivait vers l'océan son cours ordinaire.

Un rayon de soleil levant dora les nuages, la scène changea d'aspect; chaque moment apportait à la beauté du tableau une variété nouvelle. Aujourd'hui, dès l'aurore, on voit blanchir les voiles de nombreux navires dont la présence indique le voisinage de la métropole d'un grand et puissant Etat; mais Henry et le colporteur n'aperçurent à quelques milles devant eux que les vergues carrées et les mâts élevés d'un navire de guerre.

— Voilà une place où vous serez en sécurité, capitaine Wharton, dit le colporteur. L'Amérique n'a pas le bras assez long pour vous reprendre si vous gagnez le bord de ce bâtiment. Il a été envoyé pour appuyer les fourrageurs et les troupes; les officiers d'infanterie sont rassurés quand ils entendent le son de ses canons.

Henry adhéra à la proposition d'embarquement, et il fut convenu qu'il se rendrait à bord après l'indispensable opération du déjeûner.

Pendant qu'ils procédaient à cette opération, le bruit de la fusillade arriva jusqu'à eux. Et tous deux se livrèrent à une conversation roulant sur le combat qui s'engageait. Sur ces entrefaites, un homme armé d'un mousquet se glissa près d'eux en s'abritant derrière les buissons. Henry l'aperçut le premier et le montra à son compagnon. Birch eut d'abord l'idée de commander une prompte retraite, mais il ne donna pas suite à cette pensée et attendit silencieusement l'étranger.

— Amis, dit celui-ci, en relevant son fusil, et comme s'il eût craint d'approcher.

— Vous ferez mieux de vous retirer, lui cria Birch ; les troupes régulières sont ici ; Dunwoodie est loin avec sa cavalerie et vous ne me prendrez pas facilement.

— Que le major et ses dragons soient damnés, répondit avec humeur le chef des écorcheurs — car c'était lui. — Dieu bénisse le roi Georges et anéantisse la rébellion ! J'ai dit : Si vous voulez m'enseigner un chemin sûr pour rejoindre les vachers, monsieur Birch, je vous paierai bien, et en outre je serai votre ami.

— La route est ouverte à vous comme à moi, répondit le colporteur en se détournant avec un dégoût à peine dissimulé. Quant aux vachers, vous savez bien où les trouver.

— Oui, mais j'aimerais mieux aller vers eux avec vous que tout seul ; vous les connaissez bien tous, et cela ne vous dérangerait pas beaucoup.

Henry intervint et, après des courts pourparlers, l'écorcheur fut autorisé à accompagner les deux voyageurs, à la condition de rendre ses armes. Birch s'empara du fusil, et avant de le mettre sur son épaule, s'assura, à sa grande satisfaction, qu'il contenait une bonne cartouche à balle. On se remit en marche en suivant les rives du fleuve jusqu'au navire d'où, sur un signal d'Harvey, un canot vint accoster la terre. Le capitaine fut reçu à bord par l'officier de marine, qui n'accepta ses déclarations comme véridiques qu'après quelques instants d'hésitation. Avant de quitter Birch, Henry lui donna sa bourse qui était bien garnie ; le colporteur profita du moment où l'écorcheur ne l'épiait point, pour la fourrer dans une poche habilement dissimulée dans ses vêtements. Le canot poussa au large. Birch poussa un fort soupir de soulagement et se dirigea du côté des montagnes avec la rapidité de pas qui lui était familière.

L'écorcheur le suivit, et tous deux firent route ensemble, gardant le plus impénétrable silence et se jetant réciproquement de fréquents regards où perçait la défiance.

Après avoir parcouru ainsi plusieurs milles le long de l'Hudson, sans lier aucune conversation avec son mauvais camarade, et le fusil à la main, le colporteur prit soudain la route montagneuse qui conduit à Haerlem.

A ce moment, un corps de cavalerie se montra inopinément sur une petite éminence. Il était trop tard pour fuir, et d'ailleurs, Birsch, après examen des survenants, se réjouissait de cette rencontre, comme d'un moyen qui lui permettrait très-probablement de se défaire de l'écorcheur.

Le détachement, composé de seize à vingt hommes, n'avait pas l'air d'être très-versé en matière de discipline. A leur tête se trouvait un homme entre les deux âges, et dont la physionomie reflétait plutôt la brutalité que l'intelligence. Il était vêtu comme un officier, mais il n'avait ni la propreté d'uniforme, ni la grâce de manières qu'on rencontrait chez les gentlemens qui étaient porteurs d'une commission royale. Ses membres étaient robustes, mais dépourvus de souplesse; et malgré la confiance énergique avec laquelle il se tenait sur son cheval, le moindre cavalier virginien se fût moqué de lui pour la façon dont il tenait la bride.

— Où allez-vous si vite, mes amis, cria-t-il. Etes-vous des espions envoyés par Washington?

— Je suis un innocent colporteur, dit humblement Harvey, qui se rend à la ville pour renouveler sa pacotille.

— Et comment espérez-vous y parvenir, mon innocent colporteur? Pensez-vous que nous occupions les forts de Kingsbridge pour couvrir les allées et retours d'un misérable marchand?

— Je crois que j'ai une passe qui m'aidera dans mes projets, répondit Harvey en présentant à son interlocuteur un papier avec un air de suprême indifférence.

L'officier le lut et jeta sur Harvey un regard ou brillait une perspicacité dont on ne l'eût pas supposé muni. Puis se tournant vers deux de ses gens qui interceptaient le passage au colporteur :

— Pourquoi arrêtez-vous cet homme? Passez votre chemin. Mais vous qui êtes-vous ? Votre nom n'est pas sur le papier.

— Non, monsieur, répondit l'écorcheur en saluant d'un air soumis ; je suis un pauvre homme égaré qui a servi dans l'armée rebelle, mais je remercie Dieu de m'avoir laissé vivre pour reconnaître et réparer mes erreurs, en m'engageant dans les troupes anglaises.

— Hum ! un déserteur, un écorcheur probablement, désireux de devenir vacher. Dans mes derniers engagements avec ces bandits, je pouvais confondre mes soldats avec les ennemis. Nous n'avons pas des uniformes brillants et les visages changent si souvent qu'on ne peut les reconnaître, mais, en avant, nous nous arrangerons en route.

L'écorcheur, peu difficile en fait d'étiquette, se contenta de cette réception peu gracieuse, et approcha avec vivacité.

L'homme qui remplissait les fonctions de sergent dans cette troupe irrégulière se rangea auprès de son commandant et commença avec lui une conversation aux apparences confidentielles. Ils parlaient à voix basse et jetaient souvent des regards investigateurs sur l'écorcheur, qui comprit qu'il était l'objet d'une attention spéciale. Sa satisfaction s'en accrut, surtout quand il remarqua sur la face du capitaine un sourire quoique semblable à une grimace, dénotant une sensation agréable. Cependant, l'escouade avait franchi la vallée et s'arrêta. Le capitaine et le sergent descendirent de cheval et commandèrent la halte. Après avoir pris chacun un pistolet, mouvement habituel qui n'excita ni crainte, ni inquiétude, ils invitèrent le colporteur et l'écorcheur à les suivre. En ligne perpendiculaire au-dessous de la rivière se trouvait une éminence sur laquelle on avait construit une grange. Des planches qui formaient le toit, beaucoup manquaient à l'appel, et l'un des battants de la porte avait été emporté sur ce bord du précipice par un coup de vent.

En entrant dans ce lieu désolé et désert, le capitaine des vachers tira de sa poche une courte pipe noire comme l'ébène tant elle était culotée, une blague et un petit rouleau de cuir qui contenait l'amadou et le briquet.

Il eut bientôt appliqué à ses lèvres la compagne habituelle et obligée de ses réflexions sérieuses. Dès que du fourneau allumé jaillit une large colonne de fumée, le capitaine tendit la main au sergent, qui lui remit un bout de corde. Le capitaine se reposa un peu, aspira quelques bouffées de la fumée dans laquelle sa tête disparaissait comme dans un nuage gris, et regarda l'édifice avec soin et curiosité. Enfin, il quitta sa pipe, et procéda à la besogne qu'il méditait.

Il jeta la corde par dessus une des longues poutres restées sur les murs de la grange, et rassembla les deux extrémités dans sa main. Sur un signe de son supérieur, le sergent plaça au-dessous de la poutre un vieux baril défoncé, et le capitaine se réjouit en achevant ces arrangements.

— Viens ici, dit-il froidement à l'écorcheur, qui regardait en silence ces préparatifs.

Celui-ci obéit, mais quand on lui fit quitter sa cravate, il commença à s'alarmer. Mais il avait si souvent recouru lui-même à semblable expédient pour obtenir des révélations, des aveux, qu'il ne ressentit pas une grande terreur.

La corde étant ajustée autour de son cou, on plaça sur le baril un morceau de planche sur lequel on lui ordonna de monter.

— Mais cette planche peut manquer sous moi, dit l'écorcheur appréhendant enfin le sort qui l'attendait. Je vais vous apprendre ce que je sais et même le moyen de surprendre sans danger notre bande campée au l'oud et commandée par mon propre frère.

— Je n'ai pas besoin de tes informations, répliqua son bourreau (ce personnage avait bien le physique de l'emploi) en serrant la corde.

— C'est jouer trop longtemps, hurla le pendu en se dressant

sur ses talons dans l'espoir de donner du jeu à la corde et de pouvoir défaire le nœud fatal.

Mais le capitaine des vachers était trop habile pour n'avoir pas prévu le coup.

— Qu'avez-vous fait du cheval que vous m'avez volé, misérable ?

— Il a succombé en route, mais je puis vous dire où vous en trouverez un bien meilleur.

— Menteur ! Je le prendrai moi-même quand j'en aurai besoin, mais vous ferez mieux de vous recommander à Dieu, car vos instants sont comptés.

En guise de conclusion, le capitaine défonça d'un coup de pied le baril ; les douves volèrent dans toutes les directions et laissèrent l'écorcheur suspendu en l'air. Comme ses mains étaient libres, il saisit la corde pour éviter la strangulation.

— Allons, capitaine, dit-il d'une voix caverneuse, trêve de plaisanterie, mes bras commencent à se fatiguer.

— Monsieur le colporteur, dit le vacher, je n'ai plus besoin de votre compagnie ; sortez donc et poursuivez votre route. Surtout ne touchez pas à ce chien si vous ne voulez prendre sa place, ce qui arriverait malgré la protection de vingt généraux en chef comme sir Henry Clinton.

Sur ce, il se retira avec le sergent, et le colporteur s'esquiva du côté de la rivière. Mais un buisson s'offrit bientôt à ses pas et lui permit de voir la fin de cette scène extraordinaire.

Quand il fut seul, l'écorcheur jeta autour de lui des regards effarés et pour la première fois l'idée lui vint que les vachers avaient agi sérieusement. Il appela au secours, tantôt en promettant de faire d'importantes révélations, ou formulant quelque plaisanterie sur la farce désagréable dont il était la victime. Mais le galop des chevaux retentit à ses oreilles ; quand il se vit privé de tout espoir, le bandit fut saisi d'un tremblement convulsif, les yeux lui sortirent de la tête; il fit un effort désespéré pour atteindre la poutre, mais les forces lui manquèrent; il essaya inutilement aussi de couper la corde avec les dents. Ses cris se changèrent en un râle guttural.

—A l'aide, coupez la corde... capitaine Birsch! mon bon colporteur. A bas le Congrès! Sergent, au nom de Dieu, sauvez-moi! Hurrah pour le roi! Grâce, grâce, grâce!

Comme sa voix s'éteignait, il s'efforça d'introduire ses mains entre la corde et son cou; son autre bras retomba inerte le long du corps. Les spasmes de l'agonie agitèrent tout son être, et bientôt leur succédait la pâleur livide de la mort. Birsch contempla jusqu'à la fin cette scène; ensuite il s'enfuit dans le chemin des montagnes. Les cris de l'écorcheur mourant résonnèrent pendant plusieurs semaines à ses oreilles et sa mémoire garda une douloureuse impression de ce terrible évènement.

Les vachers continuèrent leur route comme si rien ne s'était passé, et le corps du pendu se balança dans les airs jusqu'à ce que le hasard eut dirigé sur les lieux de l'exécution les pas de quelque soldat errant.

XXIX

Pendant que s'accomplissaient ces évènements, le capitaine Lawton s'était porté avec son petit corps d'armée sur le front de l'ennemi et avait manœuvré avec tant d'habileté qu'il ne s'était pas laissé envelopper et avait parfaitement dissimulé l'infériorité numérique de ses forces. Lawton, en exécutant ces mouvements stratégiques, avait suivi à la lettre les ordres du major, qui lui avait enjoint de procéder ainsi jusqu'à l'arrivée d'un corps d'infanterie destiné à couper la retraite aux troupes royales.

Le moment de la lutte sérieuse arriva enfin ; le détachement des miliciens depuis quelque temps attendu vint renforcer Lawton au milieu d'une nuit. Il fut aussitôt décidé que l'attaque aurait lieu le lendemain, sans plus tarder, malgré l'absence de Dunwoodie.

Tandis que les dragons couchés autour d'une meule de foin, le docteur Sitgreaves, le sergent Hollister et madame Flanagan dissertaient assis sur un rocher rembourré avec des couvertures de cheval. Lawton, enveloppé dans son manteau, vint se mettre au côté du chirurgien, qui continua la conversation commencée :

— Quand vous assénez un coup de bas en haut, sergent, il est facile de concevoir que vous perdez la force fournie par la pesanteur et que vous manquez au véritable devoir d'un soldat : désarmer son ennemi.

— Le tuer, voilà ce qu'il faut, s'écria la vivandière. Demandez plutôt au capitaine si ce n'est pas à grands coups de sabre que se consolidera la liberté.

— Madame Flanagan, vous n'entendez rien aux exercices militaires, vous ignorez l'ABC de la science chirurgicale. Votre opinion est donc doublement sans valeur.

Après avoir remis sèchement Elisabeth à sa place, Sitgreaves se retourna vers Lawton.

— Il fera chaud demain.

— J'espère que oui, mais ces gens de la milice sont de mauvais auxiliaires. C'est bien à tort que nos chefs se fient à de pareils défenseurs.

Le docteur fut frappé de l'abattement insolite du bouillant troupier à la veille d'une bataille, il voulut en tirer parti au profit de son idée humanitaire.

— Peut-être faudrait-il conseiller au colonel de mettre ses gens à l'abri des balles perdues.

— Non, non, qu'ils se crament plutôt la figure au canon des mousquets anglais, si l'on peut les pousser jusque là. D'ailleurs, assez sur ces lâches. Dites-moi, Archibald, croyez-vous que la lune soit un monde habité ?

— Cette supposition est très-vraisemblable en raisonnant par analogie. Les naturels sont-ils aussi instruits que nous ? Voilà ce que j'ignore, puisque je ne connais ni leur état social ni leurs mœurs.

— Peu m'importe cela ! mais j'admire la main puissante qui a organisé toutes ces merveilles et a réglé les évolutions des globes dans une admirable pondération. Ce disque de feu dont nous prenons les taches pour des terres et des mers me porte à la mélancolie Serait-ce la résidence des âmes de nos pères ?

— Buvez une goutte, capitaine, pour appeler le sommeil et chasser les vapeurs humides du soir. J'ai pansé moi-même Roanoke à qui vous donnerez beaucoup de travail.

Lawton poursuivit sans prendre garde aux avis de la cantinière.

— Quelle admirable nuit ! Et comme les passions de l'homme déshonorent les œuvres de Dieu !

— Sans doute, le monde est assez grand et on n'aurait pas besoin de s'en disputer les lambeaux pour y vivre à son aise, mais la guerre est utile à la chirurgie.

— Et cette étoile qui brille derrière ce rideau de nuages, peut-être est-elle comme notre planète la demeure d'êtres prétendus raisonnables ?

Lawton achevait à peine sa phrase que les tambours battirent simultanément dans les lignes anglaises et américaines, les clairons des Virginiens retentirent et les collines se couvrirent d'hommes armés. Le petit jour pointait et les dispositions pour la lutte furent activement prises de part et d'autre. Au lever du soleil, la milice se rangea en bataille. Comme les dragons ne pouvaient pas agir, vu les dispositions du terrain et que leur rôle devait se borner à poursuivre les fuyards une fois la victoire assurée, Lawton en remit le commandement à Hollister et descendit dans la plaine pour y rejoindre l'infanterie dont les costumes peu uniformes et l'armement incomplet contrastaient avec la tenue disciplinaire des troupes anglaises. Il se plaça à l'arrière-garde et ne put réprimer un sourire de pitié méprisante

Le signal d'attaque donné, les colonnes américaines s'ébranlèrent ; ils s'engagèrent dans le fond de la vallée et s'apprêtaient à gravir la colline qui devait les séparer de l'ennemi, quand ils eurent à essuyer la charge de l'armée anglaise calme et majestueuse dans son mouvement offensif. La déroute de la milice fut complète. Lawton, honteux et furieux de cet affront fait au pavillon national, courut après les miliciens qui se débandaient et par ses exhortations chaleureuses arrêta le sauve qui-peut.

— En avant, criait-il, en ramenant au feu les Américains, et ne tirez qu'à brûle-visage.

Ainsi il fut fait. Un sergent anglais, outré de l'audace du capitaine, quitta les rangs pour l'ajuster.

— Tire, et tu es mort ! rugit Lawton.

La main du sergent trembla et le coup partit ; Roanoke, atteint à la tête, bondit sur lui-même et retomba sans vie. Le capitaine se dégagea et parant les coups de baïonnette, il désarma d'un coup l'habit rouge qui fut renversé sous l'arme redoutable du Virginien.

Un bataillon anglais s'avançait en faisant un feu nourri.

— En avant ! s'écria de nouveau Lawton en agitant son sabre d'une manière terrible, mais aussitôt après, il s'affaissa sur lui-même, comme un arbre qui tombe sous la cognée du bûcheron. Dans sa chute, sa main brandissait encore son glaive et sa voix murmurait encore le mot héroïque : En avant.

La mort de Lawton fut le signal de la déroute. Les Anglais ne se souciant pas de poursuivre l'ennemi qui ne devait pas tarder à être renforcé, se retirèrent sur l'autre rive du fleuve, et sur le champ de bataille on n'aperçut bientôt que le docteur assisté de quelques aides.

Sitgreaves avait passé sa journée à critiquer les opérations pratiquées par ses inhabiles confrères des régiments de milice, mais, n'ayant pas rencontré Lawton dans ses courses, et Hollister ne pouvant fournir aucun renseignement sur son chef, le chirurgien se rendit à la hâte sur le théâtre du dernier engagement. Il aperçut Elisabeth assise à terre et soutenant dans ses bras la tête du capitaine. La figure affligée de la cantinière, le désordre de sa chevelure grisonnante qui n'était plus contenue par le petit chapeau noir jeté à terre, inspirèrent à Sitgreaves des craintes qui n'étaient que trop légitimes. Il hâta le pas, et, une fois près de son ami, il porta rapidement la main sur le pouls du capitaine. Le pouls ne battait plus, mais ne s'en rapportant pas à cette preuve, ne voulant pas croire à la réalité, Sitgreaves dit en pleurant

— Jacques, mon cher camarade, où sont vos blessures, que je les panse. Il est mort; que n'ai-je succombé avec lui !

— Homme et cheval sont tombés ensemble. Qui maintenant protégera la liberté de notre pays.

— Mon ami, reprit le docteur en sanglotant, et en se couvrant le visage avec ses mains, en proie à une violente douleur, si tu ne fus pas le plus prudent, personne ne te surpassa en bravoure et en bonté ; je t'aimais tant, que, en dépit de ma philosophie, mes larmes coulent à l'occasion de ton trépas.

A la funèbre nouvelle, Dunwoodie arriva avec tout son escadron. Le visage de Lawton n'était pas altéré. Le capitaine, quoique mort, semblait encore regarder les Anglais d'un œil fulgurant. Le major prit la main du cadavre et essayant de lui faire lâcher le sabre qu'elle avait serré dans la suprême étreinte :

— Je le vengerai avec son arme ! s'écria-t-il.

Mais la main du mort ne lâcha pas le sabre et Dunwoodie ajouta :

— Qu'il soit donc enterré avec lui. Sitgreaves, à vous de veiller sur ces restes chéris ; à moi de le venger.

Les dragons, exaspérés par le décès de leur cher capitaine, suivirent Dunwoodie avec tout l'élan de la fureur unie à la bravoure naturelle.

Mais le carré anglais arrêta les charges en colonne de la cavalerie qui ne pouvait se déployer. Quelques Américains furent blessés et entre autres Dunwoodie, qui donna l'ordre de se retirer.

Le corps de Lawton fut inhumé sous les remparts de l'un des forts, et tandis que les dragons regagnaient les montagnes, leur commandant recevait les soins tendres et dévoués de sa femme bien-aimée, la meilleure des garde-malades. La guérison demanda plusieurs semaines, mais le major ne se plaignait pas de la lenteur de la cure.

Sitgreaves eut la pénible mission de constater la mort de son ami, qui fut inhumé avec son sabre sous les remparts de l'un des forts situés dans les défilés des montagnes.

Un ordre de Washington fit rentrer bientôt après les troupes dans leurs quartiers d'hiver ; Dunwoodie, qui avait été blessé dans un des derniers engagements, fut nommé lieutenant-colonel et reçut la permission d'aller se rétablir dans ses plantations, où l'attendaient les soins empressés de sa femme bien-aimée. Le capitaine Singleton suivit son chef, et toute sa famille oublia les fatigues et les douleurs de la guerre, dans le calme et la sécurité.

Un peu avant le départ, des lettres qu'une main inconnue fit parvenir à Dunwoodie apprirent qu'Henri Wharton se portait très-bien, et que le colonel Wellmere était parti pour l'Angleterre emportant le mépris de tous ses braves compagnons d'armes servant sous la bannière du roi.

Ce fut un bien doux hiver pour Dunwoodie, et le sourire commença à reparaître sur les lèvres de sa chère Frances.

XXX

Le commencement de l'année suivante, les Américains s'efforcèrent d'opérer leur jonction avec leurs alliés (les Français) afin de terminer la guerre.

A la fin d'un jour orageux du mois de septembre, une réunion d'officiers était rassemblée devant la porte d'une maison située au centre de l'armée de l'indépendance qui occupait Jersey. Le général en chef était parmi eux. Il montait un cheval bai-brun et était escorté de quelques jeunes gens faisant fonction d'ordonnances. Il était entouré de respect, et quand il parlait, on l'écoutait avec une attention pleine de déférence. Après avoir salué gravement le groupe de son état-major qui se dispersa en lui rendant son salut, le général en chef resta seul avec les gens de sa maison et un aide-de-camp. Étant descendu de son coursier, il rentra dans sa demeure, prit un siége, et se concentra dans une grave méditation, que son aide-de-camp, immobile et silencieux, se garda bien de troubler.

Enfin le général leva les yeux et demanda avec la douceur qui lui était habituelle.

— L'homme que je désirais voir est-il arrivé ?

— Il est au bon plaisir de Votre Excellence.

— Je le recevrai ici, mais il faut qu'il soit seul avec moi.

L'aide-de-camp salua et sortit. La porte se rouvrit presqu'aussitôt, et un étranger se glissa dans l'appartement. Washington, qui avait repris ses rêveries, ne s'aperçut qu'un moment après de la présence de ce tiers.

— Harvey Birsch, dit il, le temps est venu où nos rapports vont cesser ; désormais nous devons être des étrangers l'un pour l'autre.

— A la volonté de Votre Excellence.

— C'est nécessaire. Depuis que je dirige l'État, j'ai dû avoir recours à des hommes qui, comme vous, me fournissaient des renseignements utiles. Vous êtes celui à qui j'ai accordé toute ma confiance, et vous ne m'avez jamais trompé, je suis heureux de le déclarer. Seul, vous connaissiez mes agents secrets à New-York ; leur fortune et leur vie étaient à la merci de votre discrétion. Je crois que vous êtes du petit nombre des infatigables défenseurs de notre cause. Vous avez passé pour un espion parce que vous n'avez jamais révélé les secrets que vous ne deviez pas divulguer. Pour moi, pour moi seul au monde, vous êtes un des patriotes qui ont le plus servi la liberté.

Harvey, à mesure que son interlocuteur parlait, relevait peu à peu la tête et son teint s'animait graduellement.

— Je dois maintenant payer vos services; vous avez toujours retardé l'heure de la récompense, et ma dette est devenue considérable. Je ne veux pas déprécier vos services, mais vous savez que notre pays est pauvre et ne peut qu'imparfaitement s'acquitter envers vous.

Le colporteur regarda fixement le général et fit un geste pour refuser le sac qui lui était offert.

— Je n'ai pas exposé ma vie au service de mon pays pour gagner un salaire.

— Mais si l'argent vous est indifférent, quel est le mobile de votre conduite?

— Quel était le mobile de Votre Excellence? Qu'est-ce que mon dévoûment auprès d'un homme tel que vous? Non, non, je n'accepterai pas un dollar; l'Amérique est bien assez pauvre.

Le sac s'échappa des mains du général et roula aux pieds du colporteur.

— Les motifs qui m'ont guidé, dit l'officier, ne sauraient être les vôtres; nos situations sont bien différentes. Je suis le chef des armées américaines, et vous, vous descendrez dans la tombe flétri comme traître à votre patrie. Songez que le voile qui cache votre vrai caractère ne sera levé que dans longues années et peut-être jamais. Vous êtes déjà vieux; quels moyens d'existence possédez-vous?

— Voilà mes seules ressources, répondit Harvey en montrant ses mains calleuses.

— Mais elles peuvent tromper votre attente; prenez ce sac pour subvenir aux besoins de la vieillesse. Je vous ai parlé d'hommes considérables dont vous connaissez les secrets. Quel gage leur donnerai-je comme garantie de votre fidélité?

— Vous leur direz, reprit Birsch, en s'avançant et en posant, sans s'en apercevoir, le pied sur le sac, vous leur direz que j'ai refusé cet or.

Le général, ravi de ce désintéressement, serra avec force la main de l'espion.

— Maintenant, je vous connais, s'écria-t-il. Les raisons qui m'ont contraint à exposer votre précieuse vie, existent encore et s'opposent à ce que je rende publiquement justice à votre caractère; mais, en particulier, je serai toujours votre ami

Dans le besoin ou la souffrance, ne manquez pas de vous adresser à moi, et tant que Dieu me donnera quelque chose, je serai heureux de le partager avec un homme qui a des sentiments aussi nobles et des procédés aussi honorables. Si la paix couronne nos efforts, frappez hardiment à la porte de celui que vous aurez vu si souvent sous le nom de Harper.

— Mes besoins sont petits; que Dieu m'accorde la santé et une honnête industrie, et je ne manquerai de rien dans cet excellent pays. Mais savoir que Votre Excellence est mon ami est un bonheur que je prise plus que toutes les richesses de l'Angleterre.

Washington resta pensif durant quelques instants, puis il traça quelques lignes sur un papier qu'il donna au colporteur.

— Puisqu'il m'est impossible de vous rendre justice aujourd'hui; prenez ce certificat, si nous ne nous rencontrons jamais, il sera utile à vos enfants.

— A mes enfants! est-ce que je pourrais léguer à une famille l'infamie de mon nom! C'est un véritable trésor dont Votre Excellence me gratifie, il sera bien conservé. Certains pourraient dire que la vie n'était rien pour moi auprès de la fidélité à garder vos secrets. Le papier que je prétendais avoir perdu, je l'ai avalé lors de ma dernière capture par les Virginiens. Ah! le nouveau papier sera un trésor pour moi. Peut-être, ajouta Birsch, avec un sourire profondément mélancolique, connaîtra-t-on après ma mort, le nom de mon illustre ami, que Dieu bénisse ! et si on l'ignore, personne ne me plaindra.

Birsch se retira après avoir encore contemplé avec respect la noble figure du général.

Longtemps après le triomphe de l'indépendance des États-Unis, tous les acteurs de la guerre parlaient avec emphase du rôle qu'ils avaient joué; mais le nom d'Harvey Birsch fut mêlé avec ceux des nombreux agents qui avaient desservi la cause nationale. Toutefois, son image revint souvent à la mémoire du chef puissant, qui connaissait la véritable valeur de cet homme extraordinaire. Il fit faire quelques recherches infructueuses; il apprit seulement qu'un colporteur d'un nom différent, mais dont le signalement était fort ressemblant, parcourait les nouveaux établissements et luttait contre les fatigues de l'âge et les privations. La mort mit un terme aux investigations du général, et une longue période de temps s'écoula sans qu'on entendît parler du colporteur.

XXXI

CONCLUSION

Trente-trois ans plus tard, l'armée américaine combattait encore contre les mêmes ennemis, mais la scène était transportée des bords de l'Hudson aux rives du Niagara.

Washington reposait depuis longtemps dans le cercueil et sa gloire grandissait à mesure que le temps anéantissait les rivalités et les haines personnelles. Il était déjà reconnu pour le héros d'un siècle de raison et de vérité, et plus d'un noble cœur rêvait, en 1814, d'égaler la pure renommée de ce grand homme.

Parmi ces ambitieux de réputation patriotique, était un jeune homme qui, le soir du 25 juillet de cette sanglante année, contemplait la grande cataracte du haut du rocher de la Table.

Près de lui était un autre officier; tous deux regardaient avec admiration les chutes qui sont une des merveilles des contrées américaines de l'ouest, lorsque celui qui s'appelait Mason désigna avec la pointe de son épée quelque chose de flottant au dessus de l'abîme.

« Voyez, Wharton, cet homme qui traverse la cataracte sur une barque qui n'est guère plus forte qu'une coquille d'œuf.

— Il a un sac, et c'est probablement un soldat, attendons-le à l'échelle, il nous apprendra d'où il vient. »

L'aventurier pouvait avoir 70 ans; son front était sillonné de rides et son dos était voûté sous le poids d'un fardeau d'un demi siècle. Il portait une balle assez légère et que les officiers avaient pris pour un sac de soldat. Le vieillard en arrivant près des deux militaires, leur demanda d'une voix faiblement cassée des nouvelles du théâtre de la guerre.

— Nous avons brossé récemment les vestes rouges dans les plaines de Chippewa, dit Mason; depuis nous ne les avons pas rencontrés; mais cela pourrait bien avoir lieu aujourd'hui.

— Auriez-vous un fils au service, ajouta le second officier avec bonté? Si oui, donnez-moi le nom et le numéro de son régiment, je vous mènerai vers lui.

— Je suis seul au monde, répondit le vieillard d'un air résigné.

— Vous auriez eu de la peine à faire ce que vous proposiez, capitaine Dunwoodie, car la moitié de nos troupes sont sur la route du fort Georges.

— Ai-je bien entendu, s'écria le vieillard, on vous nomme...

— Wharton Dunwoodie.

— Les familles, comme notre patrie, prospèrent avec le temps.

— Dunwoodie, dit gaîment Mason interrompant la conversation, savez-vous ce qu'on assure à Accamac ? On prétend que tous les ans, à la fête de saint Valentin, le colonel Singleton offre régulièrement sa main à votre tante Jeannette, mais on ajoute que votre grand'tante refuse d'acquiescer à ce projet.

— Ma tante Jeannette ! répliqua Dunwoodie en riant ; la chère et bonne créature pense, je crois bien, peu au mariage, depuis la mort du docteur Sitgreaves. Tous ces cancans proviennent de l'intimité qui existait entre le colonel Singleton et mon père. Vous n'ignorez pas qu'ils ont servi ensemble dans la cavalerie où était aussi l'auteur de vos jours.

— Je sais tout cela, mais la femme de charge de votre mère m'a entretenu des espérances du colonel, qui est un parti très-sortable, et a vendu très-cher ses plantations de Géorgie.

— Catherine Hagues a l'esprit de calcul.

— Cette femme est une égoïste.

A ces mots le vieil étranger ne put s'empêcher de sourire.

— Catherine Hagues a comme défaut une grande aversion pour les nègres ; elle prétend n'en avoir pu souffrir qu'un seul.

— Lequel donc ?

— César, un serviteur de feu mon grand père et qui mourut dans la même année que son maître. Ma mère, qu'il avait suivie en Virginie quand elle se maria, en parlait avec beaucoup d'affection. Ma mère était...

— Un ange, interrompit le vieillard avec une énergique expression.

L'avez-vous connue? interrogea le fils.

Des décharges réitérées d'artillerie retentirent; les deux officiers escortés de l'étranger, regagnèrent le camp. Les bataillons étaient déjà en mouvement, la bataille s'engagea.

Vers la fin de la lutte, le jeune et vaillant capitaine remarquant l'absence de son sous-lieutenant se mit à sa recherche. Il trouva son ami assis sur le penchant de la colline; mais une balle qui lui avait traversé la jambe condamnait Mason à une immobilité absolue.

— Ah! je supposais bien que je vous trouverais le plus près de tous du côté de l'ennemi.

— Erreur, mon cher; il y a un homme qui a été plus brave que moi. Je ne sais quel est ce soldat qui s'est élancé à travers la fumée de mon peloton; mais le pauvre diable n'a pu revenir; il est là-bas sur cette éminence, je l'ai appelé plusieurs fois, mais je le soupçonne fort de ne pouvoir me répondre.

Danwoodie courut à l'endroit indiqué et reconnut avec surprise le vieil étranger.

— C'est le vieillard qui a connu ma mère; qu'on lui rende des honneurs funèbres convenables. Ses os reposeront sur la terre natale.

Les soldats s'approchèrent pour obéir.

Le mort était couché sur le dos; ses yeux étaient fermés comme dans le sommeil ordinaire, ses lèvres un peu déformées par l'âge avaient quitté leur position naturelle, mais elles étaient plutôt souriantes que crispées. Un fusil de soldat était près de lui; ses mains étaient croisées sur sa poitrine et dans l'une brillait quelque chose aussi brillant que l'argent.

Dunwoodie écarta les bras du défunt et vit la place produite par la balle qui avait atteint la région du cœur. Le dernier objet de la sollicitude du vieillard avait été une boîte d'étain; Dunwoodie ouvrit ce coffret, y trouva un papier. Il lut ce manuscrit non sans éprouver une vive surprise.

« Des circonstances politiques de haute importance et qui pourraient compromettre la fortune et la vie de beaucoup de monde ont motivé le secret que ce papier révèlera seulement. Harvey Bisrch a été durant de longues années le serviteur dévoué et désintéressé de la patrie. Puisse Dieu lui accorder la récompense dont il n'a pas joui parmi nous.

» GEORGES WASHINGTON. »

C'était l'espion du territoire neutre; il mourut comme il avait vécu, dévoué à son pays et martyr pour la liberté.

FIN

Limoges. — Imp. Marc Barbou et Cⁱᵉ.

DEFET D'IMPRIMERIE TROUVE DANS LA RELIURE

L'OCTAVE DE L'ÉPIPHANIE.

Dieu tout-puissant, de faire que ceux que vous nourrissez de vos sacrements vous servent, comme ils le doivent, par une conduite qui vous soit agréable. Par.

A vêpres.
Psaumes et Antiennes du jour de l'Épiphanie, p. 244.

Capitule. Mes frères, je vous conjure, par la miséricorde de Dieu, de lui offrir vos corps comme une hostie vivante, sainte et agréable à ses yeux, que votre foi soit raisonnable.

Hymne CRUDELIS HERODES, Verset REGES THARSIS, p. 244.

A MAGNIFICAT.

Ant. Fili, quid fecisti nobis sic ? Ego et pater tuus dolentes quærebamus te. Quid est quod me quærebatis ? Nesciebatis quia in his quæ Patris mei sunt oportet me esse ?	*Ans.* Mon enfant, pourquoi en avez-vous agi de la sorte avec nous ? Voici que nous vous cherchions, votre père et moi, fort affligés. Et pourquoi me cherchiez-vous ? Ne savez-vous pas qu'il faut que je m'occupe de ce qui regarde mon Père ?

Mémoire de l'Épiphanie, Antienne TRIBUS MIRACULIS, p. 246.

℣. Omnes de Saba venient, alleluia. ℟. Aurum et thus deferentes, alleluia.

℣. Tous viendront de Saba, alleluia. ℟. Apportant de l'or et de la myrrhe, alleluia.

Oraison, p. 242.

Le 13 Janvier
L'OCTAVE DE L'ÉPIPHANIE.

L'Office et la Messe comme le jour de la Fête, p. 234, excepté :

A LA MESSE.

Collecte. O Dieu, dont le Fils unique a paru sur la terre revêtu de notre humanité, faites que nous méritions d'être réformés intérieurement par celui qui s'est rendu extérieurement semblable à nous, et qui, étant Dieu, vit et règne.

www.ingramcontent.com/pod-product-compliance
Lightning Source LLC
Chambersburg PA
CBHW060132170426
43198CB00010B/1133